छत्तीसगढ़ी लोक नाट्य

चंदा

नारी सशक्तीकरण

छत्तीसगढ़ी लोकनाट्य

चंदा

नारी सशक्तीकरण

दुर्गा प्रसाद पारकर

वाणी प्रकाशन

प्रकाशन के उत्कृष्टतम 61 वर्ष

vaniprakashan.com

पेपरबैक पहला संस्करण : 2024

वाणी प्रकाशन

4695, 21-ए, दरियागंज, नयी दिल्ली-110 002

फ़ोन : +91 11 23273167, 23275710

शाखाएँ

अशोक राजपथ, पटना-800 004, बिहार

कॉफ़ी हाउस कैम्पस, महात्मा गांधी मार्ग, प्रयागराज-211 001, उत्तर प्रदेश

महात्मा गांधी अन्तरराष्ट्रीय हिन्दी विश्वविद्यालय, वर्धा-442 001, महाराष्ट्र

36/ए, शेक्सपियर सरणी, रानी बिरला गर्ल्स कॉलेज के पास, कोलकाता-700 017, प. बंगाल

sales@vaniprakashan.in
vaniprakashan@gmail.com

CHANDA
by Durga Prasad Parkar

ISBN : 978-93-6287-138-1

Play

मूल्य : ₹ 250

जी.एस. ऑफ़सेट, दिल्ली-110 095 में मुद्रित

सीन – 1

खड़े साज – गणेश वंदना

साखी : हे गजानन बुद्धि के दाता,
विघ्न हरैया लम्बोदर
देवव ज्ञान हे दयानिधि,
स्वामी कार्तिकेय सहोदर।
गुण के आगर सिद्धि के सागर,
हे गौरी के लाला।
आके बिराजौ सभा बीच मं,
महिमा तुंहर निराला।।

मुखड़ा : हे गजमुख वाला गणेश गजानन,
गौरी के तै दुलारे,
देवता गण सब फूल बरसावै,
जय हो जय हो तुम्हारे...

1. भादो चौथ के चार भुजा धारी
तोर जनम दिन मनाथन
लड्डू मेवा अऊ मोदक मिठाई
भोग तोला लगाथन
देवता ऋशि मुनि तोला जोहारे,
पंवरी ल तोरे पखारे....
हे गजमुख वाला......

सीन – 2

उद्घोषणा

जय छत्तीसगढ़िया

जय छत्तीसगढ़,

जय जोहार

सोन चिरइया, भारत भुइंया के करेजा हरे, धान के कटोरा हमर छत्तीसगढ़ हा, छत्तीसगढ़िया मन के रग रग म समाय हे, सैकड़ो किसम के पारम्परिक, लोकगीत, संगीत अऊ लोक नृत्य ह, अऊ इही लोक संस्कृति हा छत्तीसगढ़िया मन के जब्बर धन आय, छत्तीसगढ़ के चिन्हारी हमर ये लोक संस्कृति ला बचाय के सांस्कृतिक प्रयास ये कला परम्परा के प्रस्तुति छत्तीसगढ़ी लोक नाट्य चंदा ह

सीन – 3

धरती वंदना

अरपा पैरी के धार

मुखड़ा : अरपा पैरी के धार महानदी हे अपार
इंदिरावती हा पखारय तोर पईयां
महूं पांव परंव तोर भुइँया
जय हो, जय हो छत्तीसगढ़ मईया 2

1. सोहय बिंदिया सही, घाट डोंगरी पहार 2
चंदा सुरूज बने तोर नैना 2
सोहना धाने के अंग, लुगरा हरियर हे रंग 2
तोर बोली हवै सुघ्घर मैना
अंचरा तोरे डोलावय पुरवईया
महूं पांवे परवँ तोर भुइँया
जय हो, जय हो छत्तीसगढ़ मईया 2

<u>सीन – 4</u>

<u>उद्‌घोषणा</u>

केन्द्र अऊ राज्य सरकार के कल्याणकारी योजना मन के संदेश आय छत्तीसगढ़ी लोक नाट्‌य **<u>चंदा</u>**

लोक कला मर्मज्ञ डॉ. डी.पी. देशमुख के हिरदय के उद्‌गार आय **<u>चंदा</u>**

सशक्त छत्तीसगढ़ के सपना आय लेखक दुर्गा प्रसाद पारकर के ए **<u>चंदा</u>**

नारी सशक्तिकरण के संकल्प आय लोक नाट्‌य सचालिका श्रीमती नीता देशमुख के ए **<u>चंदा</u>**

निर्देशक उत्तम तिवारी, संगीतकार गोविन्द साव, अउ नृत्य निर्देशक बिलास राऊत के हरियर सपना आय लोक नाट्‌य – **<u>चंदा</u>**

अउ वो सपना ला साकार करत हे **<u>चंदा</u>** के भूमिका म श्रीमती लता ऋषि चंद्राकर

नारी के स्वाभिमान ला बचाए बर छत्तीसगढ़ के नारी ला अपन पहिचान देवाए बर अउ अबला ला सबला बनाए बर भभकत मशाल आय **<u>चंदा</u>**

अंजोरी के उम्मीद आय **<u>चंदा, चंदा, चंदा...</u>**

सीन – 5

बांस गीत

तरि हारि नाना रे भइया, नाना मोर नाना ऐगा

तरि हारि नाना रे भइया, नाना मोर नाना ऐ हो

पुन्नी के चंदा उगे, अंजोरी छागे हो.....

मइके ला छोड़ के चंदा, ससुरे म आगे हो.....

गायक : अपन दाई ददा के दुलौरिन, मइके के सुखियारिन चंदा हा विधि के बिधना ला निभाए बर मइके ले ससुरे म पहुंच गे भइया।

रागी : जय हो

गायक : फेर यहा का देखत हौं रागी ?

रागी : का देखत हव गुरूजी ?

गायक : चंदा के आए ले ओकर विरान कुलुप अंधियार ससुरे म सुख के उजियारी छा गे हे भइया....

रागी : छा गे हे, छा गे हे....

गायक : अउ ओकर सेवा भाव ले सास ससुर गोसइया कमिया सबो खुश हे गा।

रागी : सब्बो खुश हे गुरूजी..

गायक : मनखे के मनखे उकर सखला जतन ले गाय गरूवा घलो अब्बड़ खुस हे रागी, चंदा के आय ले भुतहा कस घर हा जगमगाय ला धर लीस रागी, चारो डाहर चिकन चांदन लीपे–पोते घर दुवार, अन्न धन के बरसा होवथे रागी।

दोनो : जय हो, जय हो....

सीन – 6

स्थान – चंदा का घर

(पात्र–चंदा, पुन्नी, भोला, पारवती)

हे तुलसी मइया मैं समिरंव तोला,

ममता के छइहां म रखबे मोला....

पुन्नी कस चंदा अंजोरी रहय

किरपा ले तोर सुख के नदिया बहय

दे दे असीस दाई तोर गुन ला गांव..

जन जन के सेवा म जीवन लगांव....

चंदा : हे तुलसी मइया। मोला असीस दे की मोर पूरा जीवन सबके सेवा म समर्पित रहय। लेव जी परसाद।

पुन्नी : जय तुलसी मइया, चंदा मैं खेत डाहर जावत हौं। निंदई ला आज ले सुरू करना हे। अऊ सुन, आज गर्भवती महिला मन ला आयरन के गोली बाँटे बर नर्स दीदी हा आही, झोंक लेबे। टाईम–टाईम म गोली खाना जरूरी हे।

चंदा : हव

पुन्नी : कइसे झटके असन दिखत हस, बने हकन के पौष्टिक चीज ला खा, तभे तो जच्चा अउ बच्चा स्वस्थ रइहू।

चंदा : भइगे सलाह देवत बेरा ला चढ़ा डरबे ते डोली डाहर घलो जाबे?

पुन्नी : तिंही तो मोर डोली धनहा अस चंदा। तैं हरिया गेस, ताहन मोर जीव घलो हरिया जही।

चंदा : हमर जीव हा तब हरियाही जब हमर खेत ह हरियाही।

पुन्नी : बने काहत हस चंदा, ले रे भई मैं जावत हौं।

(पुन्नी हा खेत डाहर चल देथे अउ चंदा ह सास ससुर कोती परसाद लेके जाथे।)

भोला : ओम नमो शिवाय.....ओम नमो शिवाय.....जय हो भोला भंडारी

चंदा : पाँव परत हंव बाबू जी।

भोला : जुग–जुग जियत राह बेटी

चंदा : ए लौ बाबू जी परसाद

भोला : पिछला जनम म कोनो पूण्य के काम करे रेहे होबो चंदा जऊन तोर असर सुशील बहू मिलिस, जय हो भोला भण्डारी।

(चंदा ह मुस्कुरावत सास डाहर आथे, पलगी करत)

चंदा : पॉव परत हंव दाई।

पारबती : खुशी राह बेटी, जुग–जुग जीयत राह।

चंदा : परसाद दाई

पारबती : तै मोर बहू नही, बेटी अस चंदा, जस तोर नाम तस तोर गुन हे बेटी, सबके चिंता रइथे तोला

चंदा : सबके सेवा करना मोर धरम ए दाई, मोर फर्ज ए।

भोला : भगवान सब ला तोरे असन बहु दय चंदा।

पारबती : सहीं काहत हस डोकरा।

भोला : पुन्नी सुत के उठ गे बेटी ?

चंदा : वो तो खेत चल दिस बाबू जी, निंदई कराय बर, जावत हंव दाई, चाय बनाके लाथंव तुंहर मन बर।

पारबती : हं, हं जा बेटी।

सीन – 7

ददरिया

बन डोंगरी म घन पाहरी मा

लड़का : बन डोंगरी म, घन पाहरी मा 2, आमा के छईहा म वो
तै बिलमले पिरोही, ये मोर जोही, अगोर लेबे न 2

लड़की : नदिया के तीर म, मन के मंदिर म 2, तोला बिरजायेंव हो
तै ह सुनले मयारू, ऐ मोर दुलारू अगोरथंव ना 2।

1. **लड़का** : महुआ के लाटा रे, परसा के पान 2
तोर बर दे हंव जान अउ ईमान..
तै ह सुन ले वो गोरी ऐ मोर जोही मया बांट लेबो वो

लड़की : आयेंव होके अधीर, नइ सहावथ हे पीर, लागे मया के तीर,
मन मोर समाये, हावस मोर संगी, हृदय के तीर

सीन – 8

स्थान : चंदा का घर

पात्र : चंदा, पुन्नी

(चंदा पुन्नी के नजदीक बैठी है, पुन्नी बासी खा रहा है।)

चंदा : अच्छा तैं ए बता जी, बेटा आही त काय नाम सोंचे हस ?

पुन्नी : रमन रखहूं रमन

चंदा : अच्छा, माने तैं बेटा ला मुख्यमंत्री बनाबे

(दुनो झन खलखला के हांस डरथे।)

पुन्नी : अच्छा तैं बता चंदा नोनी आही त तैं का नाव रखबे ?

चंदा : मैं अपन नोनी के नाव प्रतिभा राखहूं।

पुन्नी : अच्छा ता तैं नोनी ला राष्ट्रपति बनाबे।

चंदा : वाह जब तैंह बेटा ला मुख्यमंत्री बना सकथस त का बेटी ला मैं राष्ट्रपति नइ बना सकहूं। कइसे।

(दोनो हसते हैं।)

सीन – 9

चंदैनी

जय महमाई मोहबा के तोर 2

अंखरा के गुरू बैताले तोर 2

तोर ले गरब गुमाने तोर 2

तोर छोड़े गीत गावंव तोर 2

यहा आल बरस नइ जावंव तोर 2

आल बरस नइ जावंव तोर 2

डुमर के दीदी परेतीन तोर 2

बोईर के दीदी चुड़ेलीन तोर 2

पइंया लागंव मइया तोर 2

पइंया लागंव मइया तोर 2

अरे जा दिन बोलय मोर चंदैनी मोर बरीगना ऐ हो

येदे चंदा के कोरा मा फ़ुल खिलगे वो,

चारो मुड़ा खुशी छाहे, घर भर मे ना

दाई लक्ष्मी ह आहे, जनम धर के ना,

ऐ ह नांव के जगईया, छत्तीसगढ़ के गा 2

दाई ददा के चिन्हइया, नोनी हे गा

दाई ददा के चिन्हइया, बेटी हे गा

हे दुख पिरा के हरइया, नोनी हे गा 2

अरे जा दिन बोलय मोर चंदैनी मोर बरीगना ऐ हो

सीन – 10

ढालू – कइसे पुन्नी

पुन्नी – काये ?

ढालू – भइगे चाहा भर ला पियाबे ते चेपटी उ के घलो बेवस्था करबे।

पुन्नी – का ढालू चेपटी पीयत तोर गाल हा चेपटा गे हे तभो ले चेपटी मांगत हस। मैं चेपटी(दारू) नइ दे सकौं।

ढालू – काबर ?

पुन्नी – चंदा हा बिल्कुल मना कर देहे चेपटी चेपटा बर।

ढालू – काबर

पुन्नी – दारू पियई हा बने बात नोहे। दारू पियइया मन के तन मन धन अउ मान सम्मान सबो सिरा जथे।

ढालू – अच्छा त तैं अपन बाई के बुघ म आ के मोर बर चेपटी के बेवस्था नइ करत हस। तैं ओ दिन ला भूला गेस जब हमर घर छट्ठी म आए रेहे त तोर बर चेपटी के बेवस्था करे रेहेंव। त का मोर बर तें नी कर सकस ? तैं नइ पिया सकस ते मैं घर के लाने हवं, एक पउव्वा। अपन बेवस्था हम खुद करके चलथन समझे–। डिस्पोजल ला अउ पेक बना।

पुन्नी – पहिली पियत रेहेंव, ढालू फेर जब ले चंदा आए हे तब ले मोर दारू ला छोड़वा देहे। अउ तहूँ छोंड़ **दारू पियई हा बने बात नोहे।**

(पुन्नी हा ढालू के दारू ला झटक के फेंक देथे)

ढालू – (तमतमा गे) मोर चेपटी ला फेंक देस पुन्नी।

पुन्नी – मैं तोर चेपटी ला नइ फेंके हव ढालू बल्कि तोर बिनास के कारन ला फेंके हवं।

ढालू – (अंगरी देखावत) तोला देख लुहूं पुन्नी

पुन्नी – पहिली अपन आप ला तो देख ताहन मोला देखबे। लडबिड़ लड़बिड़ खुदे करत हस अऊ मोला देख लुहूं काहत हस।

पुन्नी – अब तो पूरा चेपटी वाले मन ला सुधारे बर परही नही ते घरो–घर बरबाद हो जही।

सीन – 11

सोहर गीत

दिग दिगा दिग दिगा

लीड : दिग दिगा दिग दिगा वो दिग दिगा दिग दिगा
लइका ला खेलावय वो जुरके माइ पीला

कोरस : दिग दिगा दिग दिगा वो दिग दिगा दिग दिगा
लइका ला खेलावय वो जुरके माइ पीला

लीड : दिग दिगा दिग दिगा वो दिग दिगा दिग दिगा
लइका ला खेलावय येदे जुरके माइ पीला
दिग दिगा दिग दिगा, दिग दिगा दिग दिगा

कोरस : दिग दिगा दिग दिगा वो दिग दिगा दिग दिगा
लइका ला खेलावय वो जुरके माइ पीला

अंतरा :

लीड : लइका ला खेलाये बर नोनी के फुफु आहे,
नोनी के फुफु आहे, नोनी के फुफा आहे,

लीड : लइका ला खेलाये बर नोनी के फुफु आहे,
नोनी के फुफु आहे, नोनी के फुफा आहे,

कोरस : लइका ला खेलाये बर नोनी के फुफु आहे,
नोनी के फुफु आहे, नोनी के फुफा आहे,

लीड : रूपिया, ओढ़ना, धरा आंजे, काजर के टीका हो,
दिग दिगा दिग दिगा, दिग दिगा दिग दिगा

कोरस : दिग दिगा....

सीन – 12

पारबती : चंदा, आज तोर भाई ह तीजा लेगे बर अवइया हे, काम बूता म भुलाएं रहिबे ते तीजा जाए के तइयारी घलो करबे।

चंदा : तैं तइयारी कर डरेस दाई ?

पारबती : दुनो झन तीजा चल देबोन त घर सुन्ना हो जही बेटी, तेकर ले मैं नइ जांव।

भोला : तैं काबर नइ जाबे ? दु चार दिन चैन से रिंहू कही के सोंचत रेहेंव त पुरा प्रोग्राम ला फेल करत हस।

पारबती : ले इही ला कथे भल बर मरै, त टेटरा निकलै। महूं तीजा चल दुहूं त पैरा भूंसा ला खाबे का ?

भोला : अरे मजाक करत रेहेंव पारबती तहूं रिसा जथस।

पारबती : एकर तो रात दिन ठट्ठच–दिल्लगी ए, जा बेटी तीजा जाए के तइयारी कर तोर भाई आतेच्च होही।

(चंदा मुस्कुरा के चल देथे)

सीन – 13

खेती गीत

हो छनर छनर पइरी बाजे, छनर छनर, खनर खनर चुरी।
हांसत कुलकत, मटकत रेंगय, बेलबेलहीन टुरी। 2
हो छनर छनर पइरी बाजे, छनर छनर, खनर खनर चुरी।
हांसत कुलकत, मटकत रेंगय, बेलबेलहीन टुरी। 2

1. काट काट के धान मड़ावय, ओरी ओरी करपा 2

कोरस ओरी ओरी करपा जी ओरी ओरी करपा

काट काट के धान मड़ावय, ओरी ओरी करपा

कोरस ओरी ओरी करपा जी ओरी ओरी करपा

देखब मा बड़ नीक लागय सुंदर चरपा के चरपा
हांसत कुलकत, मटकत रेंगय, बेलबेलहीन टुरी। 2

कोरस ला ला ला ला...

सीन – 14

(चंदा के भाई तीजा लेगे बर आथे)

(डोकरी चाउंर निमारत बइठे हे। चंदा के बड़े भाई आथे।)

भइया : पाँव परत हंव दाई। तीजा लेगे बर आए हवं चंदा बहिनी ला

पारबती : जुग जुग जीयत रहा बेटा। चंदा (अवाज लगाथे) तोर तीजा लेवइया आए हे वो, पानी लान बेटी।

चंदा : हव दाई।

पारबती : अऊ बने बने बेटा सब घर में गा।

भइया : हव सब बने बने हे दाई

(चंदा भीतर ले लोटा म पानी अउ राधा ला गोदी म पा के आथे। आ के अपन भाई ला पानी दे के पांव परथे। भइया ह भांची ला गोदी म पावत)

चंदा : पाँव परत हंव भइया।

भइया : खुश राह बहिनी, अरे ररे मोर राधा भांची। तइयारी कर डरेस ना चंदा बहिनी, तीजा जाय बर। पानी बादर के दिन ए तुरते निकलबो।

चंदा : मैं ए साल तीजा नइ जांव भइया।

भइया : नई जास, काबर ?

चंदा : मैं तीजा चल दुहूँ ता दाई अकेल्ला हो जही भइया

पारबती : ले काही नइ होय बेटी, मैं सम्हाल लुहूं तैं जा

चंदा : नही दाई, ए साल मे तोरे सन तीजा मनाहूं अउ फेर राधा बेटी ला टीका घलो लगवाना हे। तीजा के दु दिन पहिली सरकार हा गाँव म टीकाकरण शिविर लगावत हे।

भईया : अरे राधा भांची ला मैं हमर गांव म टीका लगवा दूहूँ।

चंदा : उहॉ तैंह अपने भांची भर ला टीका लगवाबे ना भइया फेर इहॉ गांव म राधा असन कतनों नान–नान लइका हे, उहू मन ला टीका लगवाना हे।

भइया : त उकर दाई ददा मन नइ लगवाही वो ?

चंदा : वोमन ए सब चीज के महत्व ला नइ जानै भइया। सब झन ला समझाए ला परही की लइका मन ला टीका लगवाना कतना जरूरी हे तेला।

पारबती : तोला सरी गांव भर के फिकर रथे बेटी। मैं बड़ भागमानी हवं की मोला तोर असन बहू मिलिस।

भइया : ता ले भई मैं निकलहूं। ए रूपिया ला धर, तोर अऊ दाई बर तीजहा लुगरा बिसा लेबे अउ भॉची बर फराक ले लेबे मैं चलत हंव। पांव परत हंव दाई।

पारबती : जुग जुग जी बेटा, अऊ आबे

चंदा : पांव परत हो भइया

भइया : खुशी राह बहिनी, ले मय जात हव आएं।

सीन – 15

तीजा गीत

चलव बहिनी जाबो अमरईया मा खेले ला घरघुंदिया

लीड : चलव बहिनी जाबो अमरईया मा खेले ला घरघुंदिया

कोरस : चलव बहिनी जाबो अमरईया मा खेले ला घरघुंदिया

लीड : चलव बहिनी जाबो अमरईया मा खेले ला घरघुंदिया

कोरस : चलव बहिनी जाबो अमरईया मा खेले ला घरघुंदिया

अंतरा : आमा के छइया म, पुतरी अउ पुतरा बर
कमचिल के मड़वा गड़ियाबो।
माटी के चुकिया धन माटी के दिया मा
तेले अउ हरदी लगाबो
नइ लागे बाजा, बजनिया
नई लागय मरदनिया हो। चलव जाबौ

कोरस : चलव बहिनी जाबो अमरईया मा खेले ला घरघुंदिया
चलव बहिनी जाबो अमरईया मा खेले ला घरघुंदिया

लड़का : चल खु डु डु डु डु डु डु डु डु डु
अइसे ये खुडुडुडु जी वो खुडुडुडु जी
खुडुवा खेलाना, गड़ी ला मार आना
नइ छोड़व तोला रे दोस

अइसे ये खुडुडुडु जी वो खुडुडुडु जी
खुडुवा खेलाना, गड़ी ला मार आना

लड़की : चल खु डु डु डु डु डु डु डु डु डु
अइसे ये सनानना जी वो सनानना जी
रात रही जाना, फजर चले जाना,
नइ छोड़ तोला रे दोस
अइसे ये सनानना जी वो सनानना जी
रात रही जाना, फजर चले जाना,
नइ छोड़ तोला रे दोस

कोरस : गोबर दे बछरू गोबर दे
चारों खूंट ला लीपन दे
चारो देरानी ला बइठन दे
अपन खाथे गूदा–गूदा, हमला देथे बीजा
ये बीजा ला का करबो, रहि जबो तीजा।
तीजा के बिहान दिन, सरी सरी लुगरा
हेर दे भउजी कपाट के खिला
चींव–चींव करे मंजूर के पिला
एक गोड़ म लाल भाजी
एक गोड़ म कपूर
कतेक ला मानंव मय
देवर ससूर फुगड़ी,
फुगड़ी रे फूँ–फूँ, फुगड़ी रे फूँ......... 2।

सीन – 16

स्थान : बोरिंग

पात्र : चंदा, परनिया, खोरबाहरिन

चंदा – सवाना नइ दिखत हे ?

परनिया – ओकर तबियत खराब हे।

चंदा – का होगे हे ?

परनिया – टी.वी. होगे हे कथे।

चंदा – बने इलाज पानी नइ करवातिस य।

परनिया – त पइसा कहां ले पाही ?

चंदा – **सरकार हा स्मार्ट कार्ड धारी मन के मुफ्त इलाज करवाथे** ते ह–

परनिया – अई.........नइ जानत रेहेव।

चंदा – तहूँ जा अउ तुरते स्मार्ट कार्ड बना, संगे संग सवाना ला घलो स्मार्ट कार्ड बनवा के जल्दी इलाज शुरू करे बर का। वइसे भी सरकार हा टी.वी. के मुक्त इलाज करथे।

परनिया – अई हव य, आजे जाहूं अउ बनवाहूं संग म सवाना ला घलो स्मार्ट कार्ड बनवाए बर कहूं।

चंदा – डॉक्टर हा नइ बतइस का टी.वी. कइसे होइस तेला ?

परनिया – चुल्हा म फूंक फूंक के आगी बरई के सेती धुंआ हा सरीर म चल देहे तिही पाये के टी.वी. होए हे।

चंदा – आज तो सवाना भर ला होय हे धीरे धीरे गांव भर के ला टी.वी. बीमारी हो जही।

परनिया – त एकर ले कइसे उबरे जाय ?

चंदा – एकरो उपाय कर डरे हे सरकार ह

परनिया – का उपाय हे ?

चंदा – घरो घर **'उज्जवला योजना'** के तहत गैस चूल्हा देवत हे। अब घरो घर गैस चूल्हा हो जही ताहन टी.वी. ले मुक्ति मिल जही। अब रूख राई कटई बंद हो जही। **रूख राई हरियर रेहे ले पर्यावरण हा स्वच्छ रही।** बढ़िया हवा पानी मिलही।

परनिया – हव य बने काहत हस।

(ओतके बेर खोरबाहरिन हा आथे)

खोरबाहरिन – सुने हव य ?

परनिया – काला य ?

खोरबाहरिन – ढालू ला खतम होगे कथे य।

चंदा – कइसे खतम होगे कथे ?

खोरबाहरिन – बीमारी म।

चंदा – का बीमारी हो गे रीहिसे ?

खोरबाहरिन – मलेरिया होगे रिहिसे कथे।

परनिया – मलेरिया कइसे होथे ?

चंदा – भूसड़ी (मच्छर) ले।

परनिया – भूसड़ी कइसे पनपथे ?

चंदा – गंदगी अउ रूके पानी ले।

परनिया – हव य, ढालू के घर के तीर म भारी गंदगी रिहिसे अउ गंदा पानी घलो डबरा म भराए रिहिसे।

चंदा – चलो हम्मन सबो सहेली मिलके **'स्वच्छ भारत मिशन'** के तहत गांव के गंदगी के सफाई करके सब ला बीमारी ले बचाबोन।

खोरबाहरिन – एला तो सरकार ह करही, हमला का करना हे ?

चंदा – हमर समस्या के निदान ला हम नी करबोन त कोन करही। आखिर सरकार कोन ए ? हमीच्च मन तान। **स्वच्छता अभियान खातिर** सब ला जागरूक करे बर परही तभे "**स्वच्छ भारत, स्वस्थ भारत**" बन पाही।

परनिया – बने काहत हस चंदा। हमु मन किरिया खाथन की हम्मन गांव ला स्वच्छ करे बर सब झन भिड़िंगे।

चंदा – महूँ किरिया खाथौं। अपन बेटी ला डॉक्टर बनाहूँ ताकि हमर गांव के मन कोनो बीमारी म झन मरै।

परनिया – बने काहत हस चंदा। तैं तो हमर पंचायत के सरपंच बने के लइक हस।

खोरबाहरिन – अवइया चुनाव म तोला सरपंच बर खड़ होए बर परही।

चंदा – अभी चलो सफाई करे बर होथन, ताहन चुनाव आही ताहन ओकरो बर सब झन खड़ा होबोन।

शीर्षक गीत

फिटिक अंजोरी, निरमल छइहां

फिटिक अंजोरी, निरमल छइहां

फिटिक अंजोरी, निरमल छइहां

गली गली बगरावय वो, पुन्नी के चंदा, मोर गांव मा।

पुन्नी के चंदा

येदे येदे दीदी वो, पुन्नी के चंदा, मोर गांव मा।

येदे येदे भइया गा, पुन्नी के चंदा, मोर गांव मा।

कोरस : येदे येदे दीदी वो, पुन्नी के चंदा, मोर गांब मा।

येदे येदे भइया गा, पुन्नी के चंदा, मोर गांव मा।

सीन – 17

स्थान : ढालु का घर

पात्र : पुन्नी, पांचो, परनिया, अन्य सभी ग्रामीण

सब अंगना सेकलाये हे। ढालू के अस्थी तइयार हे। उपर सफेद कपड़ा(कफन) ओढ़ा के सुमा डोरी बांधे रखे हे। मुड़ी के आघु म माटी के करिया बरतन छेना आगी गुंगवावत हे। ओकर परिवार दुख मनावत हे। सब रोवत गावत

पांचो – (ढालू के गोसइन रोवत रोवत) तैं मोला छोड़ के चल देस जोड़ी। मैं तोर बिना कइसे जीहूं राजा ए हें हे.......

परनिया – (चूप कराथे) चूप बहिनी चूप। दुनिया आए हे तेला तो एक दिन जायेच ला परही। अतकेच दिन बर भगवान हा लिखे रिहिसे ओकर जीनगी ला।

पांचो – (ढालू के गोसइन) तोर राहत ले मैं कोनो दुख ला नइ जानत रेहेंव जोड़ी ए हे हे......अब तो सेन्दुर बिना मोर मांघ अउ चूरी बिना मोर हाथ हा सुन्ना होगे जोड़ी ए हें हे....।

(ओतके बेर सब झन ओला पिताम्बरी ला ला के ओढ़ावत रिहिन हे)

पुन्नी – ए सब का ये ?

दुकालु – बिचारा कका हा हमला छोड़ के चल देहे तेकर सेती ओकर सम्मान म पिताम्बरी ओढ़ावत हन।

पुन्नी – जीयत रिहिस त तो बिचारा हा कपड़ा लत्था बर तरसगे फेर कोनो हा एको ठन ओकर सम्मान म ओला धोती दे रेहेंव। अउ सुनो जी आज के बाद पिताम्बरी ओढ़ावन नई देवन। एकर बर शक्त ग्रामीण नियम बनाए बर परही।

समारू – (खिसिया के) त का हम्मन अपन रिश्तेदार बर अतको नइ कर सकन।

पुन्नी – (समझाती) नइ कर सकौ।

समारू – त काबर नइ कर सकन ?

पुन्नी – अरे, पिताम्बरी ला आखरी म जला दे जाथे। कोनो काम के नइ आवै। यदि तुहंला कुछु करना हे त पिताम्बरी के बदला मृतक परिवार ला जेकर ले जतना बन सकै आर्थिक सहयोग दे जा सकथे, जेहा किया करम म काम आ सकथे।

दुकालू – अब तिहीं बता कका ला, ओकरे बेटा ह गंगा लेगबो काहत हे त कइसे करही।

पुन्नी – देख भाई एमा उंकर श्रद्धा जुड़े हे। मैं रोक तो नइ सकौ फेर जीयत ले उमन ला अपन बाप उपर कतना श्रद्धा रिहिसे तेला गुन लै।

समारू – त का मृत्यु भोज बर कइसे करिंगें ?

पुन्नी – अब **मृत्यु भोज आजे ले बंद करना हे।** जतना भोज करवाना हे, जीयत ले ओकर सेवा जतन कर लेव। गरीब आदमी घर खाये बर दाना नइहे अउ रेहे बर बने असन घर कुरिया नइहे त कहां ले मृत्यु भोज करवाही ?

दुकालू – कइसे गोठियाथस पहाती। खाए बर सरकार हा एक रूपिया चांउर अउ रेहे बर **अटल आवास योजना** के तहत घर देवत तेह।

पुन्नी – त का **सार्वजनिक वितरण प्रणाली** के चाउंर अउ अटल अवास योजना के घर ला बेंच के मृत्यु भोज कराबे आंय– गरीबी म आटा गिल्ला। चलो बहुत होगे गोठियावत। अस्थी ला उठावव।

ग्रामीण – राम नाम सत्य हे, सत्य यही गत्य है।

सीन – 18

कायाखंडी गीत

जिनगी के दियना, देवारी के

हो.........

जिनगी ये दियना, देवारी के

    जिनगी ये दियना, देवारी के

    बर बर के बुताय

ज्योति जलय अंधियार हरय जी

    बनके ज्योति समान

जब तक जियय उजियार करय जी

कोरस :   बनके ज्योति समान

जब तक जियय उजियार करय जी

जब तक जियय उजियार करय जी

<u>सीन – 19</u>

<u>कामेडी</u>

पात्र 1, 2 – हा हा हा........

पात्र 1 – राम राम मितान

पात्र 2 – अरे राम राम जी राम राम
एकदम बन ठन के कहा जाथ हस जी

पात्र 1 – सहर जाथ हो

पात्र 2 – सहर जाथ हस त ते काबर सहर जाथ होबे जी

पात्र 1 – अरे घुमे फिरे बर जाथ हन न यार

पात्र 2 – उ हूं.

पात्र 1 – अरे सहर के तौर तरीका खान पान सब ला में जानत हो

पात्र 2 – अइसे का

पात्र 1 – त जी

पात्र 2 – सब बात के जानकारी हे, तभे तो मोला खबरी लाल कथे

पात्र 1 – हा......

पात्र 2 – अच्छा ये बता यार मितान दिल्ली दूर हे कि सूर्य नारायण दूरिया हे

पात्र 1 – दिल्ली दूर हे

पात्र 2 – कइसे यार

पात्र 1 – अरे सूर्य नारायण जी महराज ला इहि कर ले खड़े हो के खड़े खड़े देख लेथन, दिल्ली ला देख डारबे का

पात्र 2 – अरे सही बात हे यार मितान

पात्र 1 – ऐ मितान मोर मन में एक ठन अउ बात हे ये मनखे अउ कुकुर

में का अंतर हे यार

पात्र 2 — अरे वेरी सिंपल

पात्र 1 — कुकुर ला चाहे कतको दारू पिला मइनखे नइ बन सके अउ मइनखे ला अभ्भी एक पाव पिला तुरते कुकुर बन जथे

पात्र 2 — हा हा हा......

पात्र 1 — ए मितान ऐ हमर भारत देष के नोट देखे हस का

पात्र 2 — हा देखेन

पात्र 1 — हव देखेन, पांच के देखेन, दस के देखेन, सौ पचास पांच सौं दू हजार सब के देखेन

पात्र 2 — देखेच न

पात्र 1 — ओमे महात्मा गांधी जी हा मन मन काबर मुस्कुराथ रथे यार

पात्र 2 — उ हूं....

पात्र 1 — अरे महात्मा गांधी रो दिहि त नोट हा फिज के नइ चिरा जही जी

पात्र 2 — हा हा हा........

पात्र 1 — एक बात अउ पुछत हो, आखिरी पुछत हो मितान

पात्र 2 — हा हा पुछ पुछ

पात्र 1 — अच्छा ये बता यार सांझ के समय में समुंदर के पानी हा गरम काबर रथे

पात्र 2 — ओ हो निच्चट अड़हा हस गउ तें हा

पात्र 1 — अरे सूर्य नारायण जी महराज हा सांझ कुन उही समुद्र में जा के बुड़थे तेखर सेती गरम रथे

पात्र 2 — ले अब में जाथो मितान मोर बेरा होथे यार

पात्र 1 — अरे त का चीज बर जाथ हस सहर तेला तो बता दे

पात्र 2 — ते जानत हस यार मैं तो छोटे भाई के बिहाव मढ़ा दे हंव ओखरे खरीददारी करे बर सहर जावत हौं मितान

पात्र 1 – अच्छा, खरीददारी करे बर जात हस ना हा त देख खरीददारी करे बर गजब अकन पइसा धरे होबे, सहर नगर म बड़ा लूट खसोट चोरी डकैती होथे संभाल के रखबे पइसा ला

पात्र 2 – कार फिकर करथ हस मितान ओकरो इंतजाम करके धरे हों, ए नानकुन कार्ड धरे हो न, ए कार्ड म मोर बैंक के जतका पइसा हे इही कार्ड म समाए हे मितान

पात्र 1 – बाप रे

पात्र 2 – ए नानुक कारड म गजब अकन पइसा कइसे सकलाए होहि जी

पात्र 1 – अरे मितान हमर छत्तीसगढ़ सरकार ह न कैषलेस योजना चलाथे

पात्र 2 – अरे

पात्र 1 – ओकरे अंतर्गत महुं ए केसलेश कार्ड ल बनवाए हंव मितान

पात्र 2 – अरे बाप रें

पात्र 1 – एकर ले सब पइसा सुरक्षित रहि ?

पात्र 2 – सब पइसा सुरक्षित हे मितान

पात्र 1 – जेमा जतका खरीददारी करहूं न ततका पइसा ल दुकानदार हा अइसे बटन दबाही अउ अइसे घसेटहीं ओतका पइसा कटही मितान

पात्र 2 – अइसे का

पात्र 1 – बाकी पइसा सुरक्षित रही

पात्र 2 – अरे मितान तैं तो मोर ले ज्यादा जानकारी रखथस मितान

पात्र 1 – अच्छा सुन न कार्ड ल बनवाए बर काय करे बर परही

पात्र 2 – अरे यार तहू ह जा न चंदा दीदी करा ओकर सन मिल ले अउ ओकर ले सब्बो जानकारी ल लेके ये कार्ड ल जल्दी बनवा डर मितान

पात्र 1 – अइसे का

पात्र 2 – एमा जन धन अउ जान घलो सुरक्षित हे

पात्र 1 – अरे त मैं आजे जाहूं मितान

पात्र 2 – आजे का अभ्भीच निकल तें ओ डाहर निकल मैं ए डाहर

पात्र 1 – जयराम मितान

पात्र 2 – राम राम मितान

सीन – 20

(पंचायत म आठ दस झन माईलोगन मन सकलाय हे)

केकती – कइसे य चंदा काबर मिटिंग सकेले हस ?

चंदा – बइठक एकर बर सकेले हन केकती। हम्मन **''महिला मण्डल''** के गठन करबोन कही के।

केकती – एकर ले का होही ?

चंदा – सब महिला संगठित हो के **'महिला स्वायत्तता समूह'** के गठन करबोन। एमा सब महिला ला रोजगार मिलहीं जेकर ले हमर आर्थिक स्थिति मजबूत होही। ताहन हम्मन आत्म निर्भर बनके अपन परिवार म सुख शांति अउ समृद्धि के महानदी बोहाबोन। अउ सुनौ, **'दीदी बैंक'** घलो खोलबोन

मंगलीन – 'दीदी बैंक' ले का फायदा होही ?

चंदा – ''दीदी बैंक'' म हर महिला सौ–सौ रूपिया जमा करबोन। ताहन जउन ला जरूरत परही ओला नाम मात्र ब्याज म ओला उधार देबोन तेकर ले वोकर काम ह निपट जही अउ महिला मण्डल म धन के घलो बढ़ोतरी होही। जेकर ले गांव के विकास म बड़ मदद मिलही।

मंगलीन – सुने हन सुंदरा गांव म तो नोनी मन ला सरकार हा साइंकिल बाँटे हे कथे।

चंदा – हव य ! सरकार हा हमरो गांव के नोनी मन ला अवइया हफ्ता **सरसती साइकिल योजना के तहत साइकिल वितरण करही।** अब सब झन नोनी मन ला घलो बने पढ़ाहू–लिखाहू। स्कूल म लइका मन ला मध्यान भोजन के संगे संग मुक्त किताब घलो बांटही।

केकती – अई हव य। सरकार हा हमर मन बर कतेक बढ़िया योजना बनाए हे। हम्मन ला बस लइका मन के पढ़ई उपर धियान देना हे। सुने हन अवइया साल पंचायत चुनाव घलो होवइया हे कथे

मंगलीन – हाँ होही ना।

चंदा – ए दरी हमुमन चुनाव लडबोन।

मंगलीन – त का हम्मन ला 'वोट' दिही।

चंदा – काबर नइ दिही। साल भर म हमर संगठन हा **स्वास्थ्य, शिक्षा, सफाई, जागरूकता, वृक्षा रोपण, स्वरोजगार** कस अउ कतनो क्षेत्र म अतेक काम कर के देखा सकथन जेला अभीन के सरपंच हा नइ कर पाय हे। ताहन देख अवइया समे सरपंच चुनाव कइसे नइ जीतबोन ? हम्मन कोनो पुरूष ले कोनो क्षेत्र म कम नइ हन, जरूरत हे अपन आप ला सशक्त (मजबूत) बनाये के।

केकती – त तुहीं ला सरपंच बनाबोन चंदा

चंदा – अच्छा हव, अउ सुनो सबो वार्ड म तहूं मन पंच बने बर ठान ले राहौ। अभी ले जन सहयोग के बूता ला शुरू कर देव।

समवेत स्वर म – हव (हव कहिके सब झन थपरी बजा के खुशी के इजहार करथे अउ स्वीकृति दे थे)

<u>शीर्षक गीत</u>

<u>फिटिक अंजोरी, निरमल छइहां</u>

फिटिक अंजोरी, निरमल छइहां

फिटिक अंजोरी, निरमल छइहां

गली गली बगरावय वो, पुन्नी के चंदा, मोर गांव मा।

पुन्नी के चंदा

येदे येदे दीदी वो, पुन्नी के चंदा, मोर गांव मा।

येदे येदे भइया गा, पुन्नी के चंदा, मोर गांव मा।

कोरस : येदे येदे दीदी वो, पुन्नी के चंदा, मोर गांव मा।

येदे येदे भइया गा, पुन्नी के चंदा, मोर गांव मा।

सीन – 21

स्थान : चंदा का घर

पात्र : भोला, पुन्नी, पारवती, चंदा, राधा

भोला : काय सोचत हस बेटा पुन्नी

पुन्नी : राधा हा बारहवीं के पढ़ाई ला पूरा कर डरे हे अउ सरकारी मेडिकल कॉलेज म घलो ओकर चयन घलो हो गे हे। (सोंचत) का करे जाय, कइसे करे जाय, राधा ला आगु पढ़ाए बर। बेटी ला डाक्टर बनाबोन कहिके तो किरिया खा डरे हन फेर सहर म कहां रही ?

(पारवती का प्रवेश)

पारवती – (खिसयावत) अई हमर एके झन नतनीन तेला सहर म कहाँ पठोबो। फेर बेटी जात चूल्हा फूंक्कन ताय। जादा पढ़ा लिखा के का करहु ?

भोला – (समझावत) पारवती बने काहत हे बेटा, राधा हा बिहाव के लइक होगे हे। सगा देखे के तइयारी करौ। जादा पढ़ाए लिखाए बर झन सोंचौ।

चंदा – नही बाबू, बेटी ला पढ़ाना–लिखाना जरूरी हे। **नारी पढ़ही त परिवार पढ़ही अउ नवा समाज ला गढ़ही।**

पुन्नी – सुकुवा बने काहत हे बाबूं राधा ला पढ़ाये बर रायपुर मेडिकल कालेज म दाखिला करवाये बर परही।

पारवती – देख लौ भई, सज्ञान लड़की ए बिगड़ जही त हमला दोस झन लगाहू।

(चंदा का प्रवेश)

चंदा – का बाबू जी, का अपन संस्कार उपर भरोसा नइहे। का अपन नतनीन उपर भरोसा नइहे ?

भोला – भरोसा हे बहू फेर आज के समे ला देखथौं ते डर घलो लागथे।

पुन्नी – नही बाबू जी, राधा ओइसन लड़की नोहे, बहुत समझदार हे। बोहा जरूर डॉक्टर के पढ़ाई पूरा करके डॉक्टर बनही।

भोला – देख लौ रे भई

पुन्नी – त फेर रायपुर म रही कहाँ ?

भोला – वो सर्वोदय समाज के **नेता केयुर भूषण** हा मोर संगवारी ए, उही ला कहि देथवं। राधा ला अपन घर राख लीही। सज्जन आदमी ए।

चंदा – बने काहत हस बाबू। जादा होही ते किराये के घर खोज दिंगे ताहन दाई हा संग म रही जही।

भोला – (मजाक करत) बने काहत हस बहू। ए घंटी ले तो मोला मुक्ति मिल जही।

(सब झन खलखला के हांस डरथे)

पारवती – (मुहु ला मुरकेटत) ए तो भइगे। (खुशी म) का होही मैं रहि जहूँ।

सीन – 22

भरथरी

बेटी हमर जब पढ़ही, आघू बढ़ही वो,
गाथा विकास के गढ़ही,
बेटी हमर जब पढ़ही, आघू बढ़ही वो,
ज्ञान के दिया जलाही।
हमर बेटी ह वो, हमर नोनी ह वो,
हमर बेटी ह वो, हमर नोनी ह वो
सरी गांव के नाव ह जगाही जी,
ये जगाही जी, भाई जय हरि....
हमर गांव के नाव ह जगाही जी,
ये जगाही जी, भाई जय हरि....

सीन – 23

स्थान : सभागार विश्वविद्यालय

पात्र : उद्घोषक, राधा, किसन

रविशंकर विश्वविद्यालय म अन्तर महाविद्यालयीन बाद विवाद प्रतियोगिता के आयोजन होथे। आयोजन के विषय आय– **"पढ़ाई पूरा करे के बाद जीवन के उद्देश्य"**

उद्घोषक – एसो सब छात्र अउ छात्रा मन पढ़ाई पूरा करे के बाद अपन–अपन कैरियर बनाए के तइयारी करही। इही ला ध्यान म रखत "पढ़ाई पूरा करे के बाद जीवन के उद्देश्य" विषय उपर भाषण प्रतियोगिता के आयोजन करे गे हे। मैं सबले पहिली इन्जीनियरिंग महाविद्यालस रायपुर के मेघावी छात्र किसन ला आमंत्रित करना चाहत हवं। किसन मंच म आवै अउ अपन बात ला रखै।

किसन – (मंच म आथे अउ बोले के सुरू करथे) सम्मानित मंच अउ दर्शक दीर्घा म पधारे आदरणीय विद्वान जन, विदुषी मन, छात्र अउ छात्रा मन ला मोर सादर नमस्कार –

जइसे की आज के विषय हे–

"पढ़ाई पूरा करे के बाद जीवन के उद्देश्य"

कोई भी व्यक्ति बड़े बनना चाहथे। बड़े तभे बन सकथे जब ओकर करा **जादा रूपिया** आही अउ रूपिया जादा कब आही जब हम बिदेश म जा के नौकरी करबोन। बिदेस म हमर संगे–संग **सोहरत** मिलही। हमर देश म **बेरोजगारी बाढ़त** जावत हे। यदि रोजगार है भी ते **पैकेज** कम हे। अउ रही बात **गांव** के त मै भूल के भी **गांव** म नौकरी नइ करना चाहवं। मोला **देहाती** बनना हे ना अवइया पीढ़ी ला देहाती बनाना हे। मै अपन

भविष्य ला विदेश म ही सुरक्षित पाथौ। अतका कहि के मैं अपन भाषण ला समाप्त करत हौं। धन्यवाद

(सब झन ताली बजाथे)

उद्घोषक – बहुत–बहुत धन्यवाद किसन। किसन के मुताबिक पढ़ाई के बाद विदेस जाना बहुत बढ़िया रही काबर की रूपिया, सोहरत विकास बिदेस म ही मिल सकथे। हमर देश म योग्यता के मुल्यांकन नइ होवै। मैं एकर बाद चिकित्सा महाविद्यालय के छात्रा कु. राधा ला आमंत्रित करना चाहत हौं की ओहा आवय अउ "पढाई पूरा करे के बाद जीवन के उद्देश्य" विषय उपर बिचार रखै।

(राधा हा डायस करा आथे अउ भाषण के सुरूआत करथे।)

राधा – सम्माननित मंच गुरूदेव मन ला प्रणाम अउ दर्शक दीर्घा म बिराजमान छात्र अउ छात्रा मन ला मोर सादर नमस्कार! जइसे की आज के विषय हे **"पढ़ाई पूरा करे के बाद जीवन के उद्देश्य"**

मोर पहिली विद्वान वक्ता किसन हा किहिस के विदेश मे ही अच्छा **कैरियर** बनही अउ जादा **रूपिया** कमाये जा सकत हे। मैं ओकर विचार के पूरा–पूरा खण्डन करथौं। हमर देश म भी बढ़िया कैरियर बनाये जा सकथे। रहि बात रूपिया के ता का जीवन म रूपिया ही सब कुछ आय। देशभक्ति के आघू म रूपिया बड़े हे। कोन कथे आज हमर देश म पढ़े लिखे के कोई कीमत नइहे। **महात्मा गांधी, अम्बेडकर, रविन्द्रनाथ टैगोर, मदर टेरेसा, स्वामी विवेकानंद, नरेन्द्र मोदी अउ डॉ. रमन सिंह के का** हमर देश म कोनो महत्व नइहे ?

रिहिस बात **कैरियर** के त भारत म पढ़ लिख के विदेश म कैरियर बनाए बर जाबोन, ता हमर देश के

कैरियर ला कोन बनाही। आज भी हम **विकाससील राष्ट्र** के गीनती म हन, मै चाहत हौं की हमर राष्ट्र **विकसीत राष्ट्र** के श्रेणी म जल्दी आवै। रहि बात गांव म नौकरी के सवाल त हमर **देस गांव के देस आय।** यदि गांव विकास करही त हमर देश विकास करही। अउ मैं हिन्दूस्तान के सब गांव ला **स्मार्ट गांव** के रूप म देखना चाहता हौं, मै अपन पढ़ाई पुरा करे के बाद **गांव म चिकित्सा सेवा करत–करत सिक्षा, आर्थिक, समाजिक अउ स्वास्थ्य सम्बन्धी मिसन चला के स्मार्ट गांव बनाये के दिसा** म काम करहूँ। अउ अपन देश ला विश्व के अन्य देश के बराबर खड़ा करे बर जीवन खपा दुहूँ। अतना कहि के अपन स्थान ग्रहण करत हौं।

(उपस्थित जन समूह जोरदार ताली बजाथे)

उदघोषक – हमला राधा उपर गर्व हे की जउन हा **'मेक इन इण्डिया'** बनाए के दिशा म **ग्रामीण विकास खातिर** अपन जीवन ला सौपना चाहत हे। आज देश के हर नौजवान ला राधा ले प्रेरणा लेना चाही। अउ हिन्दूस्तान ला सशक्त बनाए के दिशा म काम करना चाही। इही हमर राष्ट्रभक्ति आय। जब देश के सिपाही अपन देश के रक्षा खातिर शहिद हो सकथे, ता का हम्मन अपन देश ला सशक्त बनाए बर हम्मन अपन योग्यता के उपयोग देश ला सशक्त करे बर नइ लगा सकन ? आज के भाषण प्रतियोगिता के निर्माण आ गे हे। निर्णायक मण्डल के मुताबिक राधा के चयन दिल्ली के राष्ट्रीय भाषण प्रतियोगिता बर होगे हे।

सीन – 24

स्थान : शितला महिला मंडल

पात्र : चंदा, मंगलीन, केकती

मंगलीन – पंचायत चुनाव के घोषणा हो गे हे, कइसे करबो ?

केकती – वाह, चुनाव लड़बो।

मंगलीन – इहाँ रमेसर गौंटिया के राज चलत हे का वोह हम्मन ला चुनाव लड़न दिही।

चंदा – अइसन–वइसन रमेसर गौंटिया ला कतनो देखे हन। बाहिर ले बासिंदा आये, अउ गांव ला लड़ा के हमर उपर राज करत हे। गांव म दारू के कोचियई करावत हे। पूरा गांव बरबाद होगे हे।

मंगलीन – अपन आदमी मन कर ले हम्मन ला पिटवा दिही त ?

चंदा – (जोश म) त का हमु मन कम हन। दुर्गा, चण्डी के रूप धर के रमेसर गौंटिया के बूता ला बना दिंगे। अउ फेर कब तक ले इंकर अत्याचार ला सहत रहिबोन।

केकती – बने काहत हस बहिनी। देख ना रमेसर गौंटिया के अत्याचार ले तो हमु मन नइ उबर सकत हन।

चंदा – कइसन अत्याचार केकती ?

केकती – सड़क तीर के हमर बीस डिसमील जमीन ला रमेसर गौंटिया हा कब्जा कर डरे हे।

मंगलीन – त नियाव – पंचइत नइ करवाते ?

केकती – काला नियाव – पंचइत करवाबे, इहाँ तो चोरहच्च हा सियान हे। ओकर आघु म कोनो मुहुं खोल सकथे का ? कोट कछेरी के चक्कर म हमर एक एकड़ घलो बेचागे दाई

चंदा – अब काकरो जमीन बेचावय ना कोनो कब्जा कर सकय।

मंगलीन – वोह कइसन दीदी ?

चंदा – आठ दिन बाद सुंदरा गाँव म 'लोक सुराज' शिविर लगइया हे। शिविर म मुख्यमंत्री के संग म जिला के प्रशासनिक अधिकारी मन घलो आथे। उहे तुरते ए समरिया के निपटारा हो जही।

केकती – ए केस के निपटारा होही तभे अइसन रावन हा निपटही।

चंदा – निपटही का निपटाना हे।

केकती – वो कइसे ?

चंदा – पंचायत चुनाव, चुनाव लड़के।

केकती – त सरपंच बर कोन खड़ा होही ?

मंगलीन – अउ कोन खड़ा होही, सुकुवा हा सरपंच बर खड़ा होही, कइसे चंदा।

चंदा – तुमन काहत हव त सरपंच बर मैं खड़ा होहूं अउ पंच बर तुमन। अन्याय के खिलाफ न्याय के लड़ाई।

(सब झन नारा बोल देथे)

समर्थक – चंदा बहिनी.....

समर्थक(समवेत स्वर म) जिन्दाबाद, जिन्दाबाद, जिन्दाबाद, जिन्दाबाद।

सीन – 25

गीत – पंथी गीत

सत्य नाम, सत्य नाम सुमिरन हे सार,

गुरूबानी ला बिचार, सत के मरम बताये हे

अपन चाला ला सुधार, भटके ला रस्ता देखाये हे

अपन चाला ला सुधार, भटके ला रस्ता देखाये हे

सना न नना मोर नना हो ललना

सना न नना मोर नना हो ललना

1. सत्य रस्ता मा चलके,

सत पंथी बनव गा, सत पंथी बनव

सत्य रस्ता मा चलके,

सत पंथी बनव गा, सत पंथी बनव

सत्य बोली बोलके भईया,

संत के कहा करव गा, संत के कहा करव

संत के कहा करव गा, संत के कहा करव

संत के कहा करव गा, संत के कहा करव

सत्य बोली बोलव गा, सत्य बोली बोलव

सत्य बोली बोलव गा, सत्य बोली बोलव

येखर महिमा अपार, अपन चाला ला सुधार,

जम्मो पाप करम ह मेटाये हे।

येखर महिमा अपार, अपन चाला ला सुधार,

जम्मो पाप करम ह मेटाये हे।

सना न नना मोर नना हो ललना.....

सीन – 26

स्थान : चौपाल

पात्र : रमेसर गौंटिया, चंदा, समर्थक

(पंचायत चुनाव के प्रचार बड़ा जोर सोर से चलत हे। चंदा ला नरियर छाप अउ रमेसर गौंटिया ला गिलास छाप मिले हे)

(रमेसर गौटिंया हा फूलमाला म लदाय आगू आगू हाथ जोड़ के चलत रहिथे। पीछू–पीछू ओकर समर्थक मन नारा बोलवावत चलत रथे)

समर्थक – हमर सरपंच कइसन हो ?

समर्थक – रमेसर गौटिंया जइसन हो।

समर्थक – नारद ठाकुर

समर्थक – जिन्दाबाद, जिन्दाबाद

(जुलुस हा पंचायत भवन करा सेकला जथे। रमेसर गौंटिया हा अपन चुनावी भाषण के शुरूआत करथे)

रमेसर गौंटिया – मोर दाई ददा, भाई बहिनी अउ गांव के लइका सियान मन मोर भाषण ला बड़ा धियान लगा के सुनौ। का अब हमर पंचायत म माईलोगन मन के सियानी चलही। अरे आज दुनिया अतेक बदलगे की माईलोगन मन घर म आगी फूंके बर छोड़ के पंचायत ला फूंके बर निकले हे। मर्यादा नाव के चीज हे की नही। मै सब बेटा जात मन ले पूछना चाहत हौं की का तूमन हाथ म चूरी पहनना चाहत हौ ? का तूमन माईलोगन के इसारा म बेंदरा कस नाचना चाहत हौ ? यदि पंचायत ला माईलोगन सियानी ले बचाना हे त अपन स्वाभिमान के रक्षा खातिर मोला गिलास छाप म वोट दे के भारी मत ले जिताहू। मोला आसा ही नही बल्कि विसवास हे, पहिली सरीख आप

मनके सहयोग अउ असीस जरूर मिलही। धन्यवाद

समर्थक – रमेसर गौंटिया

समर्थक – जिन्दाबाद, जिन्दाबाद

<u>(चंदा का जुलुस)</u>

समर्थक (एक) – हमर सरपंच कइसन हो ?

समर्थक (दो) – चंदा बहिनी जइसन हो।

समर्थक (तीन) – चंदा बहिनी

समर्थक (समवेत स्वर म) – जिन्दाबाद, जिन्दाबाद, जिन्दाबाद, जिन्दाबाद

(जुलुस हा पंचायत भवन करा सेकला जथे)

चंदा – (वोट माँगे बर भाषण देथे) मोर दाई–ददा, भाई–बहिनी मन, कका–काकी मन ये मोर बात ला कहना चाहत हव, मैं ए गांव के बहू अवं। मै जब ले ए गांव म बहू बन के आये हवं तब ले देखत हवं की जतना विकास होना चाही, ओतना विकास नइ होय हे, बल्कि विनास जादा होय हे। **यदि पंचायत के विकास चाहत हौ, नारी मन के सुरक्षा चाहत हव, निरमल ग्राम बनाना चाहत हवं, नसा मुक्त पंचायत चाहत हव, अपन मान–समान अउ स्वाभिमान खातिर मोला** नरियल छाप म वोट दे के भारी से भारी मत ल जिताहू।

समर्थक – चंदा बहिनी

समर्थक – जिन्दाबाद, जिन्दाबाद

<u>सीन – 27</u>

<u>स्थान : ग्राम पंचायत</u>

<u>पात्र : चंदा, रमेसर गौंटिया, समर्थक, सचिव</u>

(चंदा माला म लदाय रथे। ग्रामवासी मन नाचत हे।)

समर्थक – चंदा बहिनी

समर्थक – जिन्दाबाद, जिन्दाबाद

उद्घोषक – आप मन के असीस ले नवनिर्वाचत सरपंच चंदा हा भारी मत ले जीतिस एकर बर **हमर पंचायत डाहर ले नवा सरपंच <u>चंदा</u>** ला गाड़ा गाड़ा बधाई। नव निर्वाचित सरपंच ले मोर बिनती हे के जनसभा ला सम्बोधित करे के किरपा करे–

चंदा – मयारूक दाई–ददा, भाई–बहिनी हो। मोला नवा सरपंच बना के जउन भरोसा मोर उपर करेव ओला कभू टूटन नइ दंव। मैं आप सब झन के अभारी हवं की जऊन मोला सरपंच के लइक समझेव।

अब हमला एक जूट हो के गांव के विकास बर किरिया खाना हे। हम्मन हमर गांव ला निरमल गांव बना के रहिंगे। हमला सब मिल के असमाजिक ताकत के खिलाफ सामना करना हे।

जउन किसम ले भगवान राम हा रावन के नास करके असत्य उपर सत्य के विजय पइस, ओइसने हमु मन ला **अत्याचारी, अपराधी, अंधविश्वास, अस्वच्छता कस राक्षस मन के नास करके अउ पंचायत के चहूंमुखी विकास करके गांव ला "निर्मल ग्राम" बनाबोन।**

तुमन तो जानतेच हव की **छत्तीसगढ़ सरकार हा प्रदेश के विकास बर** जी–जान लगा दे हे। खास

तौर ले किसान मन बर। सही मूल्य म सोसाइटी म किसान मन के धान खरीदी होवै अउ एसो तों किसान मन ला बोनस बाँटे के घोषणा घलो करे हे। ए बच्छर देवारी तिहार के पहिली **'बोनस तिहार'** मनाबोन अउ जोरदार सांस्कृतिक कार्यक्रम के आयोजन करबो।

सीन – 28

गीत

छत्तीसगढ़ का कइथे भइया धान के कटोरा

लीड : छत्तीसगढ़ ला कइथे रे भइया 2,

धान के कटोरा, भइया धान के कटोरा

कोरस : मोर लछमी दाई के कोरा,

भइया, धान के कटोरा

मोर लछमी दाई के कोरा,

भइया, धान के कटोरा 3

लीड : छत्तीसगढ़ ला कइथे रे भइया हो...

1.

लीड : चमरू, चैतू कचरू, केजू, माटी के नांव जगाथे,

कोरस: भइया माटी के नांव जगाथे।

लीड : फुलबतिया, सुखिया, फुलबासन, गांवे ला सरग बनाथे।

कोरस : भइया गांवे ला सरग बनाथे।

लीड : नाँगर के करमा, महिनत ले सुवा–ददरिया गाथे

लोहा–अस माटी के मुख ला, सोन्ना अस चमकाथे

मोर राम–अस हे खोरबाहरा हो.....,

मोर राम–अस हे खोरबाहरा,

सीता–अस मनटोरा, भइया, धान के कटोरा।

कोरस : मोर लछमी दाई के कोरा,

भइया, धान के कटोरा 3

लीड : छत्तीसगढ़ ला कइथे रे भइया हो..

सीन – 29

स्थान : दिल्ली, पात्र : राधा, किसन

(दिल्ली के दृश्य, उहाँ किसन हा इंटर बी देवाये बर रिहिसे अउ राधा हा भाषण प्रतियोंगिता म दिल्ली गे रिहिसे। दुनो झन के मुलाकात इण्डिया गेट म हो जथे)

किसन – अरे राधा।

राधा – अरे किसन तैं।

किसन – तैं इहां कइसे ?

राधा – मैं भाषण प्रतियोगिता म आये रेहेंव। मोर प्रतियोगिता तो होगे। **'इण्डिया गेट'** घुमे बर आये रेहेंव अउ तैं कइसे ?

किसन – मैं बिदेश जाय बर नौकरी खातिर इन्टर व्यू देवाये बर आए रेहेंव।

राधा – होगे त ?

किसन – होगे न मोरो 'इन्टर व्यू'। असल म संझा कन के गाड़ी हे तिही पाय के मैं इण्डिया गेट घुमे बर आए हवं।

राधा – मोरो ट्रेन हा संझा कन हे। चलो अच्छा हे।

किसन – ओ दिन रायपुर म जउन–जउन भाषण दे रेहेस ना ओह एकदम जोरदार रिहिसे। तैं जतना सुन्दर हस ना राधा, ओकर ले जादा तोर बिचार सुन्दर हे।

राधा – ए तो मोर महतारी के संस्कार ए किसन।

किसन – फेर तैंह बिदेस जाय बर काबर नी सोंचत हस।

राधा – मैंह बिदेस जाए बर नइ सोंचत हवं। मैं तो अपने देस म रहि के सेवा करहूँ। फेर तैंह अपन देस म रहि के सेवा करे बर काबर नइ सोंचस ?

किसन – नही राधा मैं तो पूरा मन बना डरे हवं बिदेस जाए के।

राधा – ले त मैं जाथौं किसन, मोला खरीददारी घलो करना हे।

किसन – अच्छा त चलथँव महूँ ला बेग पेक करना हे। बाय राधा

राधा – बाय किसन।

(दुनो झन चल देथे फेर एक दुसर के बारे म गुनत रहिथे)

राधा – पता नही किसन, तै काबर मोला अच्छा लगथस ते।

किसन – पता नही का बात हे राधा में, मोला बहुत अच्छा लगथे।

सीन – 30

गीत : करमा गीत

लड़का : गोरी तोर सुरता नई भुलावय हो,
मन मोर तोरेच्च डहर जाथे,
गोरी तोर सुरता नई भुलावय हो,
मन मोर तोरेच्च डहर जाथे,
संगे जीबो, संबे मरबो 2
मन तोही ला गुनगुनाथे वो।
मन मोर तोरेच्च डहर जाथे

लड़की : राजा तोर सुध मा मन भुलाये गा,
मन मा सुरता ह बस जाथे।
राजा तोर सुध मा मन भुलाये गा,
मन मा सुरता ह बस जाथे।
तहीं जिनगी, तहीं सांसा 2,
सुघ्घर जिया ला हरियाथे गा।
मन मा सुरता ह बस जाथे।

लड़का : गोरी तोर सुरता नई भुलावय हो,
मन मोर तोरेच्च डहर जाथे,

लड़की : राजा तोर सुध मा मन भुलाये गा,
मन मा सुरता ह बस जाथे।

<u>सीन – 31</u>

<u>स्थान : ग्राम पंचायत</u>

<u>पात्र : चंदा, सचिव, अन्य महिलायें</u>

(ग्राम पंचायत भवन म पंच सरपंच मन के बइठका चलत हे। गांव के विकास सम्बन्धी गोठबात होवत हे)

चंदा – हमला धियान रखना हे की सरकार के सबो योजना के लाभ ला घरो–घर पहुंचाना हे। **<u>सार्वजनिक वितरण प्रणाली</u>** के माध्यम ले सब ला बराबर चाउँर मिलत हे ते नही। **वृद्धा पेंसन** समे म मिलत हे ते नही। सुन सचिव अब एती तोर ढिला ढाला काम चलने वाला नइहे। रोज तोला पंचायत म हाजरी लगाए बर परही। अउ गांव के विकास सम्बन्धी कार्यवाही के मोला प्रोग्रेस रिपोट चाही। समझे न। जउन किसम ले सार्वजनिक वितरण प्रणाली हा पूरा देश बर माडल बने हे ओइसने सबो योजना हा हमर देश बर प्रेरणा श्रोत बने। अइसे भीड़ के काम करना हे समझे।

पंचायत सचिव – जी हव।

केकती – अई ! पाँचो, कइसे तोर मुहूँ हा उसवाये–उसवाये कस दिखत हे ?

पाँचो – काला गोठियाबे य, देख न, आज तरिया म नहा परे हवं तिही पाये के डोमटा–डोमटा हो गे हे।

केकती – हव य, फेर पहिली तो नइ होवत रिहिसे।

मंगलीन – वाह कइसे नइ होवत रिहिसे। पहिली नहावन त खजरी होवय तेह फेर जुन्ना सरपंच हा कहाँ सुनत रिहिसे।

चंदा – अई हव य। खजरी एकर सेती होवथे के गांव के तरिया हा गंदा हो गे हे, अउ कुथवा म पट्टा गे हे, सबले पहिली तरिया सफाई करना जरूरी हे। जब **प्रधान मंत्री हा <u>गंगा सफाई</u> बर योजना** बना सकथे त का हम्मन तरिया सफाई

योजना नी बना सकन ?

मंगलीन – त पइसा कहाँ ले आही ? तरिया बर सरकार ह दिही का ?

चंदा – का सबो बर सरकार के मुहूँ ला ताकहू। अरे भई, का हम्मन तरिया के सफाई बर खुद बेवस्था नइ कर सकन ?

केकती – त कइसे सफाई करबो़न ?

चंदा – कल से घरो–घर ले एकक झन आदमी निकलही अउ पूरा बस्ती मिल के तरिया के सफाई करिंगे। समझेव। संगे–संग अब गांव म गाय गौरी गंगा अउ माता पिता के सेवा बर घलो अलख जगइगें। गांव म सड़क के तीरे तीर वृक्षारोपण करिगें। अउ एक एक पेड़ के जिम्मेदारी गांव के एक–एक आदमी लिही। अब हमला टीम भावना से काम करे बर परही।

मंगलीन – बने काहत हे सरपंच हा।

चंदा – एक बात अउ सुनव, राज्य अउ केन्द्र सरकार ह स्वच्छ भारत के सपना ला साकार करे बर स्वछता मिशन चलावथे। स्वच्छ गांव बनाबो तभे स्वच्छ भारत बनही। अउ गांव हा स्वच्छ तब बनही, जब हम खुल्ला मा शौच नइ करबोन, अउ खुल्ला म शौच ले बांचे बर, सब झन ला घरो घर मा शौचालय बनवाना जरूरी हे।

केकती – हमन गरीब आदमी, शौचालय कहां ले बनवा सकबोन बहिनी

चंदा – गरीब आदमी मन बर सरकार हा शौचालय बनाये बर 12000 रूपया देवत हे। अब तो जल्दी से जल्दी घरो घर शौचालय बन जाना चाही। अउ ओखर बाद, जउन भी खुल्ला मा शौच करही ना तेला डाड़े जाही।

केकती – बने कहात हे सरपंच ह

चंदा – अब हमर गांव ला निर्मल अउ स्वच्छ गांव बने से कोई नइ रोक सकय।

सीन – 32

गीत : सुवा गीत

लीड : तरी नारी नाना, मोर तरी नारी नाना वो,
फुलगे चिरइया रूमझुम ले

कोरस : तरी नारी नाना, मोर तरी नारी नाना वो,
फुलगे चिरइया रूमझुम ले

लीड : रूमझुम ले वो सदा फूल,
मोंगरा माते हे घूम घुम ले।।

कोरस : रूमझुम ले वो सदा फूल,
मोंगरा माते हे घूम घुम ले।।

अंतरा 1

लीड : के ओर लगे मोर केकती अउ केवरा वो,
के ओर लगे भेंगराजे।

कोरस : के ओर लगे मोर केकती अउ केवरा वो,
के ओर लगे भेंगराजे।

लीड : दस ओर लगे मोर केकती अउ केवरा वो,
बीस ओर लगे भेंगराजे।

कोरस : दस ओर लगे मोर केकती अउ केवरा वो,
बीस ओर लगे भेंगराजे।

लीड : भेंगराजे ले वो सदा फूल,
फुलगे चिरइया रूमझुम ले।

कोरस : भेंगराजे ले वो सदा फूल,
फुलगे चिरइया रूमझुम ले

सोन – 33

कामेडी

पात्र 1 – अरे बाप रे दो बज के तेरा मिनट में तेरा मिसकाल ओभी मेंरा, अभी लगाता हूं तेरा पास खच खूच खच खुच खच खच खुच, कू. टर्र टर्र

पात्र 2 – अ ह ह हलो हलो हा हलो अ हलो

पात्र 1 – राधा हे का

पात्र 2 – कोन राध बे रांग नंबर

पात्र 1 – उ हूं ओखर बाबू रहिस लागथे

पात्र 2 – राधा भी न काकर नंबर ला दे दे रथे ए दारी ओखरेच करा परफेक्ट लगाहूंच के खच खूच खच खुच खच खच खुच, कू. टर्र टर्रन

पात्र 1 – हा हलो

पात्र 2 – हा हलो

पात्र 1 – हलो

पात्र 2 – हा हलो

पात्र 1 – हलो

पात्र 2 – कोन बोलत हस

पात्र 1 – अरे मे खूद बोलत हौं भई

पात्र 2 – मैं स्वयं बोलत हौ, तें कोन बोलत हस

पात्र 1 – अच्छा मोर आवाज ला नई पहिचानस जी, टावर कम मिलत हे समझ नई आवत हे..

पात्र 2 – का यार काली तोला गजब फोन लगायेव, एकेक घंटा ले तोर मोबाइल व्यस्त हे व्यस्त हे बताए काकर से बात करत रेहे

पात्र 1 – हा, वो गांव ले बाई के फोन आ गे रिहिसे कहां हस जी अइसे की के त बतात रेहेंव बस इहीं डाहर घुमत हौ वो बाई आपसी चर्चा चलत रीहिसे अउ कुछु नहीं वाह बाई मन कहूं एकक घंटा ले गोठियाथे जी आदमी मन दु मिनट के बाद रख रहा हूं रख रहा हूं बैलेंस उरकत हे कथे तेहा

पात्र 2 – मोर बाई थोरेएं बे दूसर के ए ना

पात्र 1 – अरे दा दा रे तभे व्यस्त रेहे रे भइया

पात्र 2 – अच्छा सुन न आज कल का काम धंधा चलत हे

पात्र 1 – अरे दू नंबर के काम करत हौ रे

पात्र 2 – अरे बाप रे दो नंबर के

पात्र 1 – काम काबर करत होबे बइहा, पुलिस वाले पकड़ लिहि जी

पात्र 2 – पुलिस चौकी के पाछूंच मे तो खोले हौं बे

पात्र 1 – पुलिस वाले मन कही नइ केहे, नही नही उकरों आना जाना चालू हे,

पात्र 2 – अरे बाप रे अइसे का काम ए, पुलिस वाला मन के घलो आना जाना हे जी

पात्र 1 – सुलभ सौचालय खोले हौं न बे

पात्र 2 – अतना घटिया पानी डारे वाले

पात्र 1 – पानीच में तो पइसा हे बइहा

पात्र 2 – हां होही होही होही, हम्मन तो अरिया परिया म निपट जथन

पात्र 1 – अरे हमर देश के प्रधानमंत्री मोदी जी काहत हे स्वच्छ भारत वनाव हमर छत्तीसगढ़ के मुखिया मुख्यमंत्री रमन जी काहत हे स्वच्छ छत्तीसगढ़ बनाव इहां के जन प्रतिनिधि मन काहत

हे पंच सरपंच मन काहत हे स्वच्छ ग्राम बनाव, स्वच्छ घर बनाव, अउ तुमन अभी भी तरिया परिया म निपटत हौ

पात्र 2 – अरे बनात रेहेन ग, पइसा उरक गे, आधा बने रिहिसे, बइठन त मुड़ी दिखथे,

पात्र 1 – झिपारी ला नइ ओधा देतेव बे

पात्र 2 – ओधाए रेहेन ग हवा गरेर मा उड़ागे

पात्र 1 – ह हं तोर दाई के लुगरा ला लपेट नइ देते

पात्र 2 – वहू ला लपटे रेहेन जी दाई लपटागे

पात्र 1 – स्वालंबी बनो बेटा

पात्र 2 – स्वालंबी अपन काम खुद करौ रे

पात्र 1 – अरे कितना लंबी बन जबो जी

पात्र 2 – जावो साले ला तरिया परिया म निपटो बिमारी झपाही ताहन पटपट किरा करस मरहूं, हमर काम चेताना सुन न ए बखत तो प्रधानमंत्री योजना के तहत घर बनाए बर घलो पइसा देवत हे रे

पात्र 2 – घर बनाए बर घलो

पात्र 1 – तेहा ना तोर बाबू ला किबै, वोह तुरंत जाही चंदा दीदी करा अउ नाम तुंहर नइ जुड़े होही न तो नाव जुड़वा लेव अउ ओकरे अंतर्गत ष्शौचालय बनाए बर घलो पइसा देथे रे अइसे का

पात्र 2 – ताहन बहिरी म जाय बर नइ लागे ना

पात्र 1 – नइ लागे बे, ताहन बिमारी विमारी से दूर अउ सुतंत्र अच्छा तान के सुतां भइया हं हं घर के घर शौचालय के शौचालय

पात्र 2 – अरे त ए बात ला मोर बाबु ला आजे बताहूँ।

पात्र 1 – अभ्भीच्च बता के निकल तें जल्दी

पात्र 2 – ठीक हे त ठीक हे

सीन – 34

स्थान : ग्राम पंचायत

पात्र : चंदा एवं ग्रामीण

चंदा – एसो बहुत खुशी के बात ए के **छत्तीसगढ़ शासन हा भात प्रतिशत विद्युतीकरण राज्य बनाए बर "प्रधान मंत्री सहज बिजली हर घर–सौभाग्य योजना"** के तहत हमरो गांव हा देवरी के दिया कस रिगबिग–रिगबिग करत हे। एसो देवारी तिहार के संगे–संग बड़ा धूम धाम ले **बिजली तिहार घलो मनाबोन।**

आदिवासी भाई बहिनी मन के आर्थिक विकास बर छत्तीसगढ़ शासन ह तेंदूपत्ता बोनस दिस। तेकर ले उंकर आर्थिक स्थिति ह मजबूत होइस। जेखर ले आदिवासी भाई मन विकास के मुख्य धारा म जुड़गे। येखर बर हम सरकार ला बहुत बहुत धन्यवाद देवत हन।

हमर छत्तीसगढ़ शासन के योजना के तहत गांव म जउन महिला कमांडो के गठन करे से असामाजिक तत्व मन से मुक्ति मिले हे। येखर बर भी हम शासन ला धन्यवाद देवत हन।

अब चलव सब झन हसी खुशी देवारी तिहार मनाये के तइयारी करव।

सीन – 35

गीत : गउरी–गउरा, राउत नाचा

लीड : जोहर जोहर मोर गउरा–गउरी,
सेवरि लगाव मैं तोर 2,

कोरस : जोहर जोहर मोर गउरा–गउरी,
सेवरि लगाव मैं तोर 2,

लीड : गउरा गउरी के मड़ली छवायेव हो,
दुलरू, परेवना के हंसा 2,

कोरस : गउरा गउरी के मड़ली छवायेव हो,
दुलरू, परेवना के हंसा 2,

(राउत नाचा)

1. अरे एक दल निकले हाथी, घोड़ा के संगी,
अउ एक दल निकले उंट रे।
अउ एक दल निकले मोर चंदा के रे संगी,
के चमके चारो खुंट रे।

2. अरसी फुले घमाघम संगी, अउ मुनगा फुले सफेद रे।
बालक पन में केवरा बदेंव, जवानी पन मे भेंट रें।

3. छत्तीसगढ़ के बेटा अंव रे संगी,
मोर छत्तीसगढ़ महतारी हे
नाचत, झुमत आयेन मालिक,
मानत आज देवारी हे।

सीन – 36

स्थान : चंदा का घर

पात्र : पारवती, भोला, चंदा, पुन्नी

(भोला हा धान के भारा बांधे बर पैरा डोरी बरत हे।)

पारवती – (भोला ला) भइगे पैरा डोरी ला बरत भर रहिबे ते कुछु अउ गुनबे।

भोला – तोर राहत ले मोला गुने के का जरूरत हे ? अरे भई बघनीन के आघु म हाथी कस मुड़ी ला हलावत राह तभे सुखी रहिबे।

पारवती – मुड़ी हलाव भर ले काम नी चलै।

भोला – का होगे ? बने फोर के बता।

पारवती – राधा हा बिहाव के लइक होगे हे। बर–बिहाव बर कुछु गुनबे ते भइगें

भोला – एदे जेठउनी ला कालिच्च माने हन। अब सगा उतरे के सुरू हो जही।

(ओतके बेर पुन्नी पहुँचथे)

पुन्नी – का होगे बाबू जी ?

भोला – तोर दाई काहत हे राधा बर बने सरिख रिश्ता आतिस ते एसो ओकर हाँथ ला पिंवरा फर देतेन कहिथे।

(ओतने बेर चंदा के प्रवेश)

चंदा – लेना दाई, शीतला मइया हा हमर इच्छा ला जरूर पूरा करही। बेटी बर बढ़िया रिश्ता आही ताहन जोत जलाहूँ कहिके बदना बदे हवँ।

पारवती – बने करे हस बेटी बने करे हस।

सीन – 37

गीत–जसगीत

रन–बन, रन–बन हो, तुम खेलव दुलरवा

लीड : रन–बन, रन–बन हो,

तुम खेलव दुलरवा, रन–बन, रन–बन हो

तुम खेलव दुलरवा, रन–बन, रन–बन हो

कोरस : रन–बन, रन–बन हो,

तुम खेलव दुलरवा, रन–बन, रन–बन हो

तुम खेलव दुलरवा, रन–बन, रन–बन हो

सीन – 38

स्थान : गांव

पात्र : राधा, किसन

(राधा हा महामहिम राष्ट्रपति डॉ. ए.पी.जे. अब्दुल कलाम के विचार ला पढ़त रीहिसे।)

किसन – (डरात हुऐ) हे, राधा

राधा – अरे किसन तैं

किसन – हव मैं, तैं ये का पढ़त हस

राधा – छत्तीसगढ़ के विकास के उपर वाद विवाद प्रतियोगिता होवइया हे, वोखरे तइयारी करत हव।

किसन – (हसते हुए) अरे, भइगे भाषण भर म भुलाये रहिबे ते शादी बर बिहाव के बारे म घलो सोंचबे, अरे हाँ मैं तो भुलाइ गे रेहेंव।

राधा – काला

किसन – तोला बधाई दे बर

राधा – अरे का के ?

किसन – अरे आज तो अखबार के पहिली पेज म तोर फोटू छापे हे। छत्तीसगढ़ शासन के चिकित्सा विभाग म तोर सरकारी नौकरी बर नियुक्ति हो गेहे।

राधा – हाँ, धन्यवाद !

किसन – त नौकरी तो लगगे, अब बिहाव के बारे म का सोंचत हस

राधा – हूं हूं, अरे बर बिहाव के बारे म मोर मां–बाबुजी, अउ दाई बबा मन सोचहीं। काबर कि उमन बड़ मिहनत कर के मोला डाक्टरी पढ़ाये हे। ओमन जिहा चाहही मैं उहें शादी करहुं।

किसन – अइसे का, राधा।

राधा – का ?

किसन – मैं तोला एक ठन बात कहना चाहत रेहेंव राधा

राधा – का

किसन – नाराज तो नइ होबे ना ?

राधा – अरे नइ होंववँ, बोल ना, बोल ना।

किसन – तै, तै मोर मन ला जीत ले हस राधा, मैं तोला अपन जीवन साथी बनाना चाहत हंव। तोर संग बिहाव करना चाहत हंव।

राधा – बिहाव, ह ह ह, फेर तोर मोर बिहाव म एक ठन अड़चन आ सकत हे।

किसन – अड़चन, कइसन अड़चन ?

राधा – तैं विदेस म नौकरी करना चाहत हस, अउ मैं हमर देस म रहिके सेवा करना चाहत हंव। अउ तोला अगर बिहाव बर बात करनाच हे, त मोर परिवार म आके बात करे ला परही। ठीक हे किसन मैं चलत हंव। बाय

किसन – बाय राधा

सीन – 39

गीत – होली एवं डंडा गीत

लीड : आज माते हे बिरिज फागुन रंग मा 2,

चलो ना श्याम होरी खेले जइबो,

कोरस : आज माते हे बिरिज फागुन रंग मा,

चलो ना श्याम होरी खेले जइबो,

लीड : आज माते हे बिरिज फागुन रंग मा,

चलो ना श्याम होरी खेले जइबो,

कोरस : आज माते हे बिरिज फागुन रंग मा,

चलो ना श्याम होरी खेले जइबो,

लीड : होरी खेले जइबो हो, होरी खेले जडबो।

कोरस : होरी खेले जइबो हो, होरी खेले जइबो।

लीड : होरी खेले जइबो हो, होरी खेले जइबो।

कोरस : होरी खेले जइबो हो, होरी खेले जइबो।

लीड : आज माते हे बिरिज फागुन रंग मा 2,

चलो ना श्याम होरी खेले जइबो,

कोरस : आज माते हे बिरिज फागुन रंग मा,

चलो ना श्याम होरी खेले जइबो,

लीड : आज माते हे बिरिज फागुन रंग मा,

चलो ना श्याम होरी खेले जइबो,

कोरस : आज माते हे बिरिज फागुन रंग मा,

चलो ना श्याम होरी खेले जइबो,

डंडा गीत

लीड : तरी नारि नाना, मोर नाना सुवा हो,

कोरस : तरी नारि नाना, मोर नाना सुवा हो,

लीड : होरी खेलय श्याम गिरधारी,
भिंजगे राधा के चुनरी सारी।

कोरस : होरी खेलय श्याम गिरधारी,
भिंजगे राधा के चुनरी सारी।

लीड : होरी खेलय श्याम गिरधारी,
भिंजगे राधा के चुनरी सारी।

कोरस : होरी खेलय श्याम गिरधारी,
भिंजगे राधा के चुनरी सारी।

लीड : धूम मचे हे आज कुंज मा 2,
नाचे गोपी, गुवाला, बनवारी, वारी, वारी।

लीड : होरी खेलय श्याम गिरधारी,
भिंजगे राधा के चुनरी सारी।

कोरस : होरी खेलय श्याम गिरधारी,
भिंजगे राधा के चुनरी सारी।

सीन – 40

कामेडी

पात्र 1 – इन्हीं लोगों ने ले ली रें दुबट्टा मेरी, इन्हीं लोगों ने ले ली रें दुबट्टा मेरी

पात्र 2 – अई अई ......नाचा गाना हा बंद होगे तबले मार वाह डंक चीक डंकचीक गा गा के नाचत हस य अई नाचा गाना बंद होगे अई का दुख ला बताबे या बिसार का संगीत के धुन हा बजाथे त अइसे लागथे

पात्र 1 – त कइसे लागथे

पात्र 2 – जानो मानो भगवान किसन हा बंसी बजाथे अउ मेंहा गाय बन के ओकर गोंड़ ला चाटत हौं तइसे लागथे

पात्र 1 – अई हाय तैं गाय बन के ओकर गोड़ ला चांटत हस। अई जादा मत चांट या गाय हा छटारा मार दिही

पात्र 2 – अई कस या दिदी तुंहर घर वाले हा बने बने रथें य,

पात्र 1 – का दुख ला गोठियाबे बहिनी ते जानथस हस एदे दुरूग म हमर बघेरा हे हमर घर के कोतवाल ला केहेंव जा तो देख के आजा घर दुआर ला बनाथस, मिस्त्री मन पानी कांजी डारत हे ते नइ डारत हे कहिके

पात्र 2 – अभी तो हम्मन नवा नवा फटफटी ले हन य

पात्र 1 – जानत हन रे जानत हन, मार घर के माइ पिल्ला उही फटफटी ला पेलत रेहेंव

पात्र 2 – हां माई पिल्ला पेलथन, चालू होथे ताहन दउड़ दउड़ के चढ़थन रे।

पात्र 1 – त हमर घर के कोतवाल ला केहेंव जा तो देखके आबे कहिके ता काहे फटफटी ला धरत हौं कहिके वो भड़ंसा ला

धर डारिस हेण्डिल ला धरत हों कहिके भइंसा के दूनो ठन सिंग ला धर डारिस रे, अउ किक मारत हव कहिके जब भइंसा ला एक लात मारिस बिसाखा

पात्र 2 – दई

पात्र 1 – जब भइंसा गीढ़गीढ़ भागे त हमर घर के कोतवाल ला बीच तरिया म लेग के बोर दिस

पात्र 2 – अई अई अई.......

पात्र 1 – बचावों ददा हो, बचाव भइया हो अइसे कहिके रेंहेन ता सबे गांव भर के मन दउड़त अइन

पात्र 2 – त कोतवाल ला कोप्पर कस घिरलात निकाल के निसैनी म जोर के घर म लानिन

पात्र 1 – अइ तुंहर घर कोतवाल हा मरिस ते बांचिस य,

पात्र 2 – अइ मर जै रहितीस त अइसने थोरे रहितेन रे।

पात्र 1 – त कइसे रहिते रे,

पात्र 2 – उत्तम तिवारी बर हाथ लमा लेतेन, दई

पात्र 1 – टार वो तोला लाज नइ लागे, अहा उमर म हाथ लमई के गोठ ला करथस

पात्र 2 – थइसन हाय लमई के गोठ ला कहिथस य,

पात्र 1 – अइ तै कइस हाथ लमई ला कहिथस य,

पात्र 2 – सहयोग खातिर हाथ लमातेन रथौं य

पात्र 1 – अई अई उही ला बने फोर के नइ काहस वो,

पात्र 2 – आजकल तुहर घर कोतवाल हा दारू पीये बर छोड़िस य,

पात्र 1 – कहां छोड़िही बहिनी कहां छोड़ही, उही दुख म हम रोवत हन या

पात्र 2 – अई काय दुख होगे य,

पात्र 1 – रात दिन दारू पियई ता, दारू पियई

पात्र 2 – ह ह ह......

पात्र 1 – एक दिन दारू पी के आय ता एकाद दिन माटी तेल ला नइ पिया देते,

पात्र 2 – तेहा माटी तेल ला कथस रे, मैं तो एक दिन चुप्पे चाप पेट्रोंल ला पिया देंव य।

पात्र 1 – अई अई ताहन का होइस

पात्र 2 – ओकर एवरेज बाढ़गे

पात्र 1 – हा चालीस के अस्सी होगे का,

पात्र 2 – कोन जनी पेट्रोल वाले हा माटी तेल जा मिलाय दे राहै ते हमर घर कोतवाल हा रात भर कुरिया म धुंआ दे रे,

पात्र 1 – अई अई अई त तुहर घर कोतवाल के आइल ला चेंज नई करवाते वो,

पात्र 2 – अब आइल ला चेज नइ करवावन य अब अकेट्ठा कोतवाल हा सरवीसिंग म जाही।

पात्र 1 – अई अई तैं कइसे धपोरे ए मेर गंजी ला धरे बइठे हस य

पात्र 2 – काबर गंजी ला धरे नइ बइठे रहिबो या अइ, एदे बोर म पानी भरहूं कहिके आए रेहेंव एदे बिजली रोगहा बंद होगे

पात्र 1 – मैं तोला पुछथौ य, हमर छत्तीसगढ़ सरकार हा किसम किसम के योजना चलात हे रे,

पात्र 2 – अय

पात्र 1 – उही योजना के अंतर्गत ए सुजला योजना घलो आथे रे।

पात्र 2 – काय सुजला योजना

पात्र 1 – नइ जानस य,

पात्र 2 – ये काय होथे य

पात्र 1 – सुजला योजना यानी की सौर उर्जा य

पात्र 2 – अई अई अई.......

पात्र 1 – सुर्य के प्रकाश म विघुत आथे, करेंट आथे, ताहन मोटर पंप मन चलथे

पात्र 2 – अई

पात्र 1 – तहूं मन हा तूंहर घर तोर गोसइया ला जाके नइ काहस रे

पात्र 2 – अइसन बात हे

पात्र 1 – त मै आजे हमर घर के ला कहूं य,

पात्र 2 – हां ता जा सौर उर्जा के फारम ल भरके तुंहर बोर म लगा, कहा ए बीजली पानी के झंझट

पात्र 1 – म लगे हव रे।

पात्र 2 – मैं आजे जाहूं

पात्र 1 – ला ते जा,,,

सीन – 41

स्थान : चंदा का घर

पात्र : चंदा, राधा, पुन्नी, दुलेश दाउ, किसन, भोला।

चंदा – (मिठाई के ड्ब्बा धरे) कइसे तैं उदास बइठे हस बेटी ? तोला तो खुश होना चाही की तोर छत्तीसगढ़ शासन म मेडिकल सेवा म नियुक्ति होगे हे। (मिठाई ला देवत) ए ले मिठाई ला खा।

राधा – फेर पोस्टींग **'सुकमा'** म हो गे हे मां।

चंदा – ए तो अउ बढ़िया बात ए। तोर बिचार हा गांव म रहिके ग्रामवासी मन के सेवा करना रिहिस न।

राधा – ता 'सुकमा' म जा के थोरे करना चाहत रेहेंव।

चंदा – काबर ?

राधा – सुकमा हा तो घोर **'नक्सलाइट'** बेल्ट ए।

चंदा – ओ तो अउ बढ़िया हे। **सरकार घलो चाहत हे की नक्सलाइट मन घलो विकास के मुख्य धारा म जुड़ैं,** तैं उहें चिकित्सा सेवा के संगे संग समाज सेवा के घलो काम करबे। नक्सल प्रभावित क्षेत्र के जीवन स्तर ला उठाए के काम करबे। छत्तीसगढ़ शासन के तमाम योजना के लाभ देवा के उंकर जीवन स्तर म सुधार लानबें। नक्सलाइट बेल्ट म कोनो सरकारी सेवक जाना नइ चाहै। उहाँ तै जा के ज्ञान के अलख जगाबे। उहाँ बाल मजदूरी, नारी उत्पीड़न, आदिवासी मन क विकास, पर्यावरण, स्वास्थ्य, बेरोजगारी जइसे समस्या के निदान करके अपन जीनगी ला धन्य करबे।

राधा – मोर आँखी ला खोल देस दाई। मैं तोर के बेटी अव मां, 'सुकमा' म जा के अपन सेवा दुहूं।

चंदा – मोर तो माथा ऊंच होगे बेटी के मे एक अउ चंदा ला आदिवासी बेल्ट के विकास खातिर तइयार करेंव।

(दूसरी तरफ दुलेश दाउ किसन के साथ आते हे, पुन्नी उन्हे अंदर बुलाता है)

पुन्नी – अरे आव दाउ जी, आव आव, बइठव, बइठव

दुलेश दाउ – ह ह ह ह

पुन्नी – बेटी राधा

राधा – हां बाबुजी

पुन्नी – अभनपुर नगर पंचायत के अध्यक्ष दुलेश दाऊ आय हे। पानी लान बेटी।

राधा – हा लाथौं बाबू जी

पुन्नी – अउ कइसे चलत हे तइयारी दाउजी। अवइया बच्छर चुनाव होवइया हे। मैं तो सुने हवं आप ला राजिम विधान सभा क्षेत्र ले टिकिट मिलइया हे कहिके।

दुलेश – ह ह ह अरे भइ, बात तो चलत हे हाई कमान ले। फेर टिकिट मिल जही त चुनाव लड़हूँ, नही ते पार्टी के सिपाही के रूप म पार्टी के प्रत्याशी ला जिताए बर काम करहूँ, अउ का। ह ह ह

पुन्नी – ह ह ह, ए तो बढ़िया बात ए दाऊ जी फेर ए दुरूग राज म आपके आना कइसे होइस ?

दुलेश – बस, एक ठन बूता ले के आए रेहेंव।

पुन्नी – अरे बताव ना दाउ जी, काय बूता ए तेला ?

दुलेश – अरे मोर लड़का किसन बर तोर नोनी राधा के हाथ मांगे बर आए हवं। वोइसे भी ऐमन एक दुसर ला जानथे।

पुन्नी – त लड़का का करत हे ?

दुलेश – किसन ह, किसन ह इलेक्ट्रानिक्स म इंजीनियरींग करे हे।

अउ विदेश जाय बर सलेक्शन होगे हे। अउ मोर विचार ले राधा ले बढ़िया बहू मोला नइ मिल सकय।

(उसी समय चंदा का प्रवेश)

चंदा – वोतो सब ठीक हे दाऊ जी, फेर मोला थोकिन किसन संग गोठियावन दव।

दुलेश – ह ह गोठियाव न।

(चंदा ह किसन ल पूछथे)

चंदा – कस बेटा, तै बिदेश काबर जाना चाहत हस ?

किसन – बिदेश म पढ़े लिखे मनके जादा मूल्यांकन हे। उहाँ जा के मैं अपन कैरियर ला बनाहूँ। अउ जादा रूपिया कमाहूँ।

चंदा – अइसन म ए रिश्ता नइ हो सकै।

किसन – काबर ?

चंदा – तै विदेश म जा के कैरियर बनाहूँ कथस। त इहाँ देस म लाखो बेरोजगार युवा मन के कैरियर ला कोन बनाही ?

किसन – त आपे मन बताव ना मोला का करना चाही ?

चंदा – तोला देस म रहिके राधा संग **'सुकमा'** जिला म जा के सरकार के **'कौशल विकास योजना'** के अन्तर्गत आदिवासी नौजवान मन ला रोजगार खातिर ट्रेनिंग दे के आत्मनिर्भर बनाए बर परही। उंकर व्यक्तित्व विकास बर तैं सुकमा म रही के अपन प्रतिभा के उपयोग करबे। तब कहूँ जा के मैं राधा के हाथ ला तोर हाथ मे दूहूँ।

किसन – फेर 'सुकमा' तो घोर नक्सलाइट क्षेत्र ए।

सुकुवा – का नक्सलाइट बेल्ट के मन ला जीये के अधिकार नइहे ? का विकास करे के अधिकार नइहे ? अउ फेर जब राधा हा 'सुकमा' जाए बर तइयार हे, त तैं बेटा जात हो के डेर्राथस, का नोनी मन ले कमजोर हस।

किसन – मैं कमजोर नइ हों दाई। दुनिया के चकाचौंध म मैं अपन देस, अपन भुइँया ला भूला गे रेहेंव। मैं सुकमा म जा के अपन सेवा दे बर तइयार हवं दाई।

चंदा – छत्तीसगढ़ के पहिचान बस्तर, जगदलपुर, कोण्डागांव अउ सुकमा ले हे। अउ बस्तर, जगदलपुर, कोण्डागांव अउ सुकमा के पहिचान आदिवासी मन ले हे। **जब आदिवासी मन विकास करही, त हमर छत्तीसगढ़ विकास करहीं, अउ छत्तीसगढ़ विकास करही, त हमर देस विकास करही।**

दुलेश – बने काहत हस चंदा जी, आज हमर देस ला आपे सरीख नेत्री के जरूरत हे। छत्तीसगढ़ के मान–सम्मान स्वाभिमान अउ प्रतिष्ठा ला बढ़ाये बर, अपन बेटी ला मजबूत कर के आदिवासी अंचल ला सशक्त करे बर पठोवत हसं, त महूँ अपन बेटा किसन ला सुकमा भेजे बर तइयार हवं।

चंदा – ए बात होइस न। अब ए रिश्ता ला पक्का समझव।

दुलेश – लेव भई हमुमन रिश्ता ला पक्का समझत हन।

सीन – 42

स्थान : ग्राम पंचायत

पात्र : पंच, सचिव, समर्थक

पंच – बइठक काबर बलाए हस सचिव।

सचिव – सबला बधाई देबर।

पंच – का के बधाई।

सचिव – **राज्य अलंकरण** के घोषणा हा वाट् साप म आ गे हे।

पंच – त

सचिव – हमर सरपंच चंदा हा आप सबके सहयोग ले निमल गांव बनइस। छत्तीसगढ़ सरकार के योजना ला जन–जन तक पहुँचइस। खास तौर ले नारी मन ला सशक्त करे बर काम करीस। तिही पाए के **छत्तीसगढ़ सरकार हा महिला उत्थान खतिर विशेष योगदान बर मिनिमाता सम्मान ले सम्मानित** करही। चंदा ला हमर पंचायत डाहर ले गाड़ा गाड़ा बधाई।

समर्थक – चंदा दीदी

समवेत स्वर म – जिन्दा बाद, जिन्दा बाद, जिन्दा बाद, जिन्दा बाद।

सीन – 43

स्थान : मंत्रालय

पात्र : चंदा, पुन्नी, उद्‌घोषक, रमन सिंह जी, अन्य

उद्‌घोषिका– जय जोहार, जय छत्तीसगढ़, छत्तीसगढ़ राज्य अलंकरण समारोह के मुख्य अतिथि छत्तीसगढ़ के सम्माननीय मुख्यमंत्री जी के हम स्वागत करत हन। हमर राज्य के जनता डाहर डॉ. डी.पी. देशमुख ह मुख्य अतिथि के स्वागत करही।

उद्‌घोषिका– महिला उत्थान खातिर छत्तीसगढ़ के जुझारू नेत्री श्रीमती चंदा जी ला मीनी माता सम्मान ले सम्मानित करे बर हमर छत्तीसगढ़ के मुख्यमंत्री ला सादर आमंत्रित करत हन, ओ मन आवे अऊ श्रीमती चंदा जी ल मिनी माता सम्मान ले सम्मानित करें।

(सभी ताली बजाते है रमन सिंह जी चंदा को सम्मान करते हैं)

उद्‌घोषिका– एकर बाद मै मिनी माता सम्मान ले सम्मानित श्रीमती चंदा जी ले बिनती करत हव के ओमन उपस्थित जन समुदाय ला सम्बोधित करय।

(सभी ताली बजाते हैं, चंदा डेस्क के पास आती हैं।)

चंदा – सम्मानित मंच के सम्मानीय अतिथि मन ला मोर प्रणाम, अउ छत्तीसगढ़ प्रदेश के छत्तीसगढ़ वासी मन ला राज्य स्थापना दिवस के गाड़ा गाड़ा बधाई......। ए सम्मान मोर सम्मान नोहे बल्कि छत्तीसगढ़ के जम्मो नारी मन के सम्मान आय। ए सम्मान छत्तीसगढ़िया मन के सम्मान आय, जउन विकास के सोच रखथे, विकास के खातिर महिनत करथे। हमर

छत्तीसगढ़ बहुत कम समय म बहुत विकास करे हे। सड़क म, कृषि म, उद्योग म, एनीकेट निर्माण म, ओवरब्रिज म, अन्तर्राष्ट्रीय स्टेडियम कस सबो क्षेत्र म चहुंमुखी विकास करे हे। फेर हमर माननीय मुख्यमंत्री हौं कि कला साहित्य अउ संस्कृति के संरक्षण हौं कि कला साहित्य अउ संस्कृति के संरक्षण

हौं कि कला साहित्य अउ संस्कृति के संरक्षण अउ संवर्धन बर **'लोक कला अकादमी'** के निर्माण बस मै अतना कहिके अपन वाणी ला विराम देवत हौ। जय जोहार, जय छत्तीसगढ़।

(जोरदार ताली के गड़गड़ाहट)

उद्घोषिका— मैं प्रदेश के लोक प्रिय मुख्यमंत्री आमंत्रित करना चाहत हंव, कि छत्तीसगढ़ के जनता के नाव म **"मन के बात"** करे के किरपा करैं।

(मुख्यमंत्री) – सबले पहिली तो मय बहुत बहुत बधाई देवत हंव, मीनी माता सम्मान बर चंदा जी ल, चंदा जी ह एक नारी हो के समाज ला नवा दिशा दे बर बड़े–बड़े बुता करीस। सबला ये संदेश दिस कि, अगर मन में संकल्प हो तो कोनो भी काम ल करे जा सकत हे।

छत्तीसगढ़ के 'राज्य स्थापना दिवस के जम्मो छत्तीसगढ़ के वासी मन ला गाड़ा–गाड़ा बधाई। मैं छत्तीसगढ़ के हमर भाई बहिनी, लइका सियान, दाई ददा सबके चेहरा म खुशहाली देखना चाहत हवं। इही ला धियान म रखत देवारी के पहिली किसान मन ला बोनस दे गीस। अउ ए मंच ले घोषणा करत हवं कि अवइया बच्छर घलो देवारी के पहिली धान के बोनस दे जाही।

हम सब ला एक हो के छत्तीसगढ़ के विकास खातिर काम करना हे। **छत्तीसगढ़ ला हमला देश के सर्वश्रेष्ठ प्रदेश के रूप म स्थापित करना हे।** आप मन मोर उपर भरोसा करेव अइसने अवइया समे म घलो मोर उपर भरोसा करहू इही आसा म आप सबके असीस चाहत हवं।

जय छत्तीसगढ़,

जय जोहार

उद्घोषिका– बड़ खुशी के बात ये आय कि, श्रीमती चंदा जी हा अपन बेटी राधा ला पढ़ा लिखा के डॉक्टर बनइस, अउ आदिवासी जिला सुकमा मा ओकर पोस्टिंग होइस। श्रीमती चंदा जी हां सामाजिक उत्थान बर, ना सिरिफ अतका बड़का बड़का काम करिस, भलुक राधा ला घलोक इही काम बर प्रेरित घलो करिस। राधा के बिहाव इंजीनियर किसन संग होइस। डॉ. राधा हा आदिवासी विकास के तहत सुकमा के तस्वीर बदल देहे। अउ किसन ह कौशल विकास के तहत आदिवासी क्षेत्र के युवा मन ला स्वरोजगार बर प्रशिक्षण देके आत्म निर्भर बनइस। आज डॉक्टर राधा अउ किसन के नेतृत्व म मुरिया भाषा म माड़ी करमा नृत्य प्रस्तुत करही। आप मन ले निवेदन हे के जोरदार ताली बजाके स्वागत करव।

(सभी ताली बजाते हैं।)

सीन – 44

गीत – माड़ी करमा गीत

लड़की : चल नाचे ला जाबो रिलो, चल नाचे ला जाबो।
चल नाचे ला जाबो रिलो, चल नाचे ला जाबो।।

लड़का : चल नाचे ला जाबो रिलो, चल नाचे ला जाबो।
चल नाचे ला जाबो रिलो, चल नाचे ला जाबो।।

लड़की : संगी रे मड़िया मा, झूम झूमा झूमा

लड़का : संगी रे मड़िया मा, झूम झूमा झूम झूमा

लड़की : चल नाचे ला जाबो रिलो, चल नाचे ला जाबो।
चल नाचे ला जाबो रिलो, चल नाचे ला जाबो।।

लड़का : चल नाचे ला जाबो रिलो, चल नाचे ला जाबो।
चल नाचे ला जाबो रिलो, चल नाचे ला जाबो।।

लड़की : साय रिलो, रिलो, रि रिलो, रिलो।
साय रिलो, साय रिलो, साय रिलो।।

लड़का : साय रिलो, रिलो, रि रिलो, रिलो।
साय रिलो, साय रिलो, साय रिलो।।

लड़की : सुपुर कुहुर बाली, सुपुर कुहुर बाली 2।
नइ खेलतो, लेका मनके हाथे लाली, मुड़े लाली,
राम रतन, मुक्ता बोली,
खेड़ा लाटा मंगलाये रे, असुर लेका, वसुन ढिला, झम्मनाये रे।
खेड़ा लाटा मंगलाये रे, असुर लेका, वसुन ढिला, झम्मनाये रे।

लड़का : सुपुर कुहुर बाली, सुपुर कुहुर बाली 2।
नइ खेलतो, लेका मनके हाथे लाली, मुड़े लाली।
राम रतन, मुक्ता बोली,
खेड़ा लाटा मंगलाये रे, असुर लेका, वसुन ढिला, झम्मनाये रे।
खेड़ा लाटा मंगलाये रे, असुर लेका, वसुन ढिला, झम्मनाये रे।

सीन – 45

गीत – राधा की बिदाई

चुटकी भर सिंदूर मा बेटी,
चुटकी भर सिंदूर मा बेटी, होगेंस आज पराये.....
नता गोता अउ घर अंगना ले,
सबले तै दुरिहाये

कोरस पहुना होगे वो बेटी सगा होगे
पहुना होगे वो बेटी सगा होगे

पुन्नी : हम तो आपला कुछु नइ दे सकत हन समधी महाराज। हमर बेटीच ला सोलह आना समझव, हमर बेटी ला अपन बेटी समझके चला लुहूं समधी महाराज।

दुलेश दाउ : आप फिकर झन करव समधी महाराज, अपन बेटी कस राखहूं।

(मां–बाबूजी से गले मिलते हुए)

राधा : मां–बाबूजी।

कोरस पहुना होगे वो बेटी सगा होगे
पहुना होगे वो बेटी सगा होगे

सीन – 46

स्थान : चंदा का घर

पात्र : चंदा, पुन्नी

(चंदा रो रही हैं।)

पुन्नी – का होगे चंदा

चंदा – राधा के बिक्कट सुरता आवत हे जी।

पुन्नी – का मोला नइ आवत होही वोखर सुरता। फेर हमला खुश होना चाही कि, बेटी के सुघ्घर घर बसगे।

चंदा – तभो ले जी

पुन्नी – अब रोय ले काम नइ चलय चंदा, आसू ल पोछ, अभी तो तय अपन बेटी के जिम्मेदारी ला पूरा करेहस। अब तो तोला अपन पंचायत के जिम्मेदारी ला पूरा करना हे। पूरा गांव भर के बेटी मन के जिम्मेदारी ला पूरा करना हे। गांव के सुघ्घर परवरिश करके निर्मल गांव बनाये के तोर संकल्प के का होही चंदा।

चंदा – हव जी

पुन्नी – ह ह ह, अब बता रोय बर अउ आंसू बांचे हे का। रोना हे ते काम करना हे।

चंदा – काम करना हे जी।

शीर्षक गीत

फिटिक अंजोरी, निरमल छइहां

फिटिक अंजोरी, निरमल छइहां
फिटिक अंजोरी, निरमल छइहां
गली गली बगरावय वो, पुन्नी के चंदा, मोर गांव मा।
पुन्नी के चंदा
येदे येदे दीदी वो, पुन्नी के चंदा, मोर गांव मा।
येदे येदे भइया गा, पुन्नी के चंदा, मोर गांव मा।
कोरस : येदे येदे दीदी वो, पुन्नी के चंदा, मोर गांव मा।
येदे येदे भइया गा, पुन्नी के चंदा, मोर गांव मा।

जय छत्तीसगढ़, जय छत्तीसगढ़ीया, जय जोहार

छत्तीसगढ़ी लोक नाट्य

सुकुवा

नारी सशक्तिकरण

दृश्य – एक

ललहूं – ललहूं उवत सुरूज संग बिहनिया के दृश्य। जइसे–जइसे सुरूज नरायेन हा उपर चघथे ओइसने–ओइसने हलु–हलु, रेंगत–रेंगत सुकुवा हा पूजा के धारी ला सजा के तुलसी चौरा करा पूजा करे बर पहुंचथे–

नेपथ्य ले गीत के बोल शुरू होथे–

बिहनिया के उवत सुरूज देवता
तोर चरनन के सब दिन मैं पियासी हरवं
बीच नदिया म रहिके पियासी हरवं
माता तुलसी सहीं भुइंया हरियर रहे
तोर दया के किरन मइया घर–घर रहे
तोर छइंहा म रहिके उजासी हववं
बीच नदिया रहिके पियासी हववं

सुकुवा – (हाथ जोड़ के तुलसी माता ले बिनती करथे।)
मोर घर परिवार के सुख शान्ति बर मोला बरदान दे माता। तुसली अउ सालिगराम कस हमरो जोड़ी हा जुग–जुंग अमर रहे।
(गर्भवती सुकुवा हा पूजा कर के कुरिया म जावत रथे ओइसने म पहाती हा खुमारी ओढ़ के मंच म प्रवेश करथे)

पहाती – मैं घनहा डाहर जावत हौं। निंदई ला आज ले सुरू करना हे। अऊ सुन आज गर्भवती महिला मन ला आयरन के गोली बॉटे बर नर्स दीदी हा आही झोंक लेबे। टाईम–टाईम म गोली खाना जरूरी हे।

सुकुवा – हव

पहाती – कइसे झूटके अस दिखत हस। बने हकन के पौष्टिक चीज ला खा तभे तो जच्चा अउ बच्चा स्वस्थ रहू।

सुकुवा – भइगे, सलाह देवत बेरा ला चढ़ा डरबे ते डोली डाहर घलो जाबे?

पहाती – तिंही तो मोर डोली धनहा अस सुकुवा। तैं हरिया गेस ताहन मोर जीव घलो हरिया जही।

सुकुवा – हमर जीव हा तब हरियाही जब खेत हा हरियाही

पहाती – बने काहत हस सुकुवा, ले रे भई मैं जावत हौं......
(पहाती हा खेत डाहर चल देथे, अउ सुकुवा मंच के भीतर चल देथे।)

दृश्य – दो

सावन के रिमझिम पानी म मोरा ओढ़ के रोपा लगावत हे। त कोनो मन खुमरी कमरा ओढ़ के बियासी करत हे। त कोनो मन मोरा ओढ़ के ददरिया झोरत निंदई करत है.... नेपथ्य ले ददरिया के उभरथे–बटकी म बासी अउ चुटकी म नून मैं तो गावत हौं ददरिया तैं कान दे के सुन....

ददरिया

बटकी में बासी अउ चुटकी म नून
मैं तो गावयँव ददरिया तैं कान के सुन
तै जवाब देबे.....

लड़का – तैं जवाब देबे टूरी, मैं गावयँव ददरिया जवाब देबे......

लड़की – मैं जवाब देहूं टूरा मैं गावयँव ददरिया जवाब देबे.....

लड़की – तबला चिकारा म नई तो माड़े सूर
तोला खोजे ढूंढ निकालेंव, न रे छैला
अब तो कमला कस फूल रे हवा ले ले
हवा ले ले, पानी पीले न रे गोला
नइ बाचैं चोला का रे हवा ले ले.....

लड़का – गाड़ा रे रेंगे रवन रद्दा वो
मन परेवना हो के उड़े
अब तो तोरेच सुध म वो हवा ले ले
हवा ले ले, पानी पी ले, न रे गोला
नइ बांचे चोला का वो हवा ले ले

लड़की – गोला गज घुमरे बइहा
अगोरि रेंगव ना गोला गज घुमरे
तिली के तेल ला रितोयेंव बिल म
रोई–रोई के बतायेंव नइ धरे दिल म
गोला गज घुमरे....

लड़का – गोला गज घुमरे बही
तुम जल्दी आवौ ना रे गोला, गज घुमरे
खाल्हे खालहोही चले ला बरदी
एसो के फागुन म बही चढ़ाबो हरदी

गोला गज घुमरे....

लड़की – धाने रे नींदे दिखे ला बने बन
तोर सुरता म बइहा, मचलगे मोर मन
गोला गज घुमरे....

लड़का – धाने रे नींदेवँ बदौरी छाटेंव वो
बीच बंगला म जा के कुंवारी छाटेंव
गोला गज घुमरे.......

गीत जइसे सिराथे पहाती हा गाना ला गुनगुनावत रथे.. बटकी म बासी अऊ चुटकी म नुन मैं तो गावत हौं ददरिया तैं कान दे के सुन.....

ठउंका ओतके बेर सुकुवा ह बटकी म बासी घर के खेत के मेड़–मेड़ आवत रथे। मेड़ म रेंगत–रेंगत सुकुवा हा लड़खड़ाए ला धरथे। पहाती ह देख के ओला सम्हाले बर दउड़त–दउड़त जाये। धकर–लकर सुकुवा के हाथ ला धर के सम्हालथे.....

पहाती – (सम्हालत सम्हालत मया म खिसियाथे)
अभी गीर जते त ?

सकुवा – (पहाती के हाथ ला छोड़वत धीरे स्वर कथे)
छोड़ ना सब झन देखत हे तेह !
(एती ओती ला देख के पहाती हा धरा पसरा सुकुवा के हाथ ला छोड़ देथे। ताहन सुकुवा ह पहाती ला कथे।) मैंह अतेक कमजोर नइ हौं तेमा मैं अपन आप ला नी सम्हाल पाहूँ.....।

पहाती – तैं कमजोर नइ हस सुकुवा फेर मैं तो कमजोर हवं !

सुकुवा – तैं कइसे गोठिया थस जोही ?

पहाती – मैं बने काहत हौं सुकुवा, हमर दुनो के मया के फूल हा तोर कोरव म फूलत हे, तेकर फिकर हे

सुकुवा – अच्छा त तोला मोर फिकर नइ हे ?

पहाती – तोरो फिकर हे तभे तो काहत हौं। दाई ददा मन ला सोचना चाही। तोला खेत खार नी पठोना चाही ना अइसन दसा म।
(पहाती ला खिसियावत देख के सुकुवा हा वोला प्यार से समझाथे।)

सुकुवा – अई अइसन दसा म खेत नइ भेजही त अऊ कब भेजही ?

पहाती – काबर ?

सुकुवा – माई लोगन के बात ला माई लोग नेच हा जानथे। आधा सीसी हालत म जतना जादा काम बूता करबे ओतने जेचकी बर सोहिलत होथे।

पहाती – अइसे का ? तभो ले सुकुवा तोला आराम करना चाही.... चल थक गे होबे बइठ।

(सुकुवा बटकी के बासी ला मढ़ा के बइठ जथे, पहाती घलो तीर म बइठ के गोठियाथे।)

पहाती – हमर नोनी आही ते बाबू ?

सुकुवा – फेर तैं अइसन काबर पूछत हस ?

पहाती – काहे की, आजकल कतनो जुगजोड़ी मन बेटा के मोह म बेटी के **भ्रुण हत्या** कर देथे।

सुकुवा – उमन कइसन निरदई मॉ बाप होथे, जउन अपन बेटी ला कोख म मार के अपन कोख ला सुन्ना करके पाप के भागी बनथे। आज हमला बहू तो चाही फेर बेटी नइ चाही। अरे बेटिच नइ रही त वंश ला चलाए बर बेटा कहॉ ले आही ? फेर मोर बर तो दुनो बरोबर ए नोनी आए चाहे बाबू। बेटा हा तो एके कुल ला तारथे फेर बेटी हा तो दू–दू कुल ला तारथे।

पहाती – तैं बंने काहत हस सुकुवा ! आज के मनखे न अतेक सुवारथी हो गे हे जउन बेटी महतारी बनके सृष्टि ला आगु बढ़ाए बर नौ महिना ले रचना रचथे उही बेटी ला जनम नइ लेवन दे। दुर्गा, लक्ष्मी अउ सरसती ले वरदान तो चाही फेर बेटी नइ चाही ? ए कइसन नीच विचार आय। बेटी मन ला अइसने कोख म मारही त नवरात म नौ देवी के रूप म नवकन्या कहॉ ले मिलही ? का बेटी बिना संसार हा चलही ? बेटी अउ बेटा म भेदभाव अउ नोनी **भ्रूण हत्या** करइया मन बर तो मोर जी हा बगिया जथे(तमतमाथे)

सुकुवा – बात–बात म जादा तमतमाये झन कर नही ते अभिमन्यू कस तोर गुन ला सीख जही।

पहाती – हव रे भई, कम से कम तैं हा तो गीता रमायेन ला पढ़। लइका हा ज्ञानी धनम धरही।

(सुकुवा ह गुनत रथे।)

पहाती – का गुनत हस सुकुवा ?

सुकुवा – मैं लइका के शिक्षा के बारे म गुनत हवं। भले हमन जादा नइ पढ़ लिख पायेन, फेर लइका ला पढ़ा लिखा के आत्म निर्भर बनाबोन।

पहाती — तैं जादा फिकर झन कर सुकुवा, हमर लइका ला डॉक्टर, इंजीनियर बनाबोन, डॉक्टर इंजीनियर।

सुकुवा — गोठियाते रहिबे ते बासी घलो खाबे। भूख नी लागत हे का ?

पहाती — लागत हे फेर राह, ए ले(हाथ के अमली ला देखावत कथे) ए देख. (सुकुवा के मुंह म पानी आ जथे)

सुकुवा — वाह, अमली(धर के तुरते चुचरे ला धर लेथे।) आजे कहवइया रेहेंव, अमली लानबे कहिके, अम्मट खाए के बिक्कट मन करत रिहिसे। (बासी खावंत–खावत दुनो झन गोठियाथे।)

सुकुवा — अच्छा तैं ए बता जी, बेटा आही त तैं का नाव सोंचे हस ?

पहाती — **रमन रखहूं रमन**

सुकुवा — अच्छा तैं बेटा ला मुख्यमंत्री बनाबे (दुनो झन खलखला के हांस डरथे)

पहाती — अच्छा तैं बता सुकुवा नोनी आही त तैं का नाव रखबे ?

सुकुवा — **मैं अपन नोनी के नाव प्रतिभा राखहूं।**

पहाती — अच्छा ता तैं नोनी ला राष्ट्रपति बनाबे।

सुकुवा — वाह, जब **तैंह बेटा ला मुख्यमंत्री बना सकथस त का बेटी ला मैं राश्ट्रपति नइ बना सकहूं।**

पहाती — बड़े सपना देखबो तभे तो लइका ला बड़े बना पाबोन।

सुकुवा — हव जी !

पहाती — भइगे बहुत होगे, अभी नोनी अवतरे हे ना बाबू अउ छट्टी बर दारभात।

(दुनो झन हांस डरथे, पहाती हा बासी ला खा के हाथ ला धोथे। सुकुवा हा बटकी अउ मलिया ला सकेल के गमछा म बांधथे।)

दृश्य – तीन

संझा के दृश्य, पहाटिया हा गाय गरूवा मन ला अलगोजवा बजावत गांव म ओइलाथे। अलगोजवा के मधूर सोहर धून– पहिली गनेश पद धावंव, मैं चरन मनाववं ललना बिघन हरन गननायक, सोहर पद गाववं ओ.......

अलगोजवा के घून जइसने सिराथे ओइसने सुकुवा ला जेचकी पीरा उमड़ जथे।

सुकुवा – (परदा के ओधा ले) ए दाई..................ए ददा....................

(कहिके सुकुवा हा चिल्लावत हे। ओ समे सब सावचेत रथे। कभू भी सुकुवा ला जेचकी पीरा उमड़ सकथे कहिके। फेर ओतके बेर बिरझा हा मलियाम जीमीकांदा के साग अमराए बर परोसिन घर चल दे रिहिसे। जल्दी लहुट जहूं कहिके फेर गोठ बात म थोकिन बिलम गे।)

(बहू के दुख पीरा ला सुन के थूकेल हा तलमील तलमील करत बिरझा ला गोहार पारथे.....)

थूकेल – बिरझा, ए बिरझा, पहाती के दाई, ए पहाती के दाई, कहॉ हस वो ?

(थूकेल हा ए हालत म डोकरी ला खोजे बर घर ला छोड़ सकै न बहू के तीर म जा सकै। धरम संकट म फंसे राहै।)

(बिरझा बर कंझा कंझा के तनतीन तनतीन करत किंजरत राहै, ठउंका ओतके बेर धकर लकर बिरझा हा पहुंचथे।)

थूकेल – कहॉ गे रेहेस, जेचकी बर अबक–तबक हे कहिके जानत हस तभो ले।

बिरझा – का होगे हे ? तेमा मार टिरटिरावत हस।

थूकेल – (खिसिया के) बहू ला जेचकी पीरा उमड़ गे हे तेह अउ तेंह अइसन समे म मटके बर गे हस। नइ खिसियाहूं त का तोर आरती उतारहूं।

बिरझा – पहाती कहॉ गे हे ? अइसन समे म

थूकेल – अऊ कहॉ गे होही, पंचायत करा बइठे होही।

बिरझा – अबक तबक हे कहिके जानत हे तभो ले पहाती हा घर ला छोड़ के बाहिर पंचायती करे बर गे हे–

थूकेल – अतका ला जानत रेहे त तैं कहां गे रेहे। बड़ा पुटुर–पुटुर मारह हस।

बिरझा — पुटुर–पुटुर मैं नइ मारत हव बल्कि पुटुर पुटुर तैं मारत हस। कभू भी लइका अवतर सकथे। जेचकी के मरम ला तैं का जानबे, तैंह माई लोगन होतेस त जानतेस। जा, जादा लहो झन लेकर जा जल्दी पहाती ला बला के लानबे।

थूकेल — हव जाथौं(कटकीट कटकीट करत) मेंह का लहो लुहूँ जब ले आये हस तब ले तिहीं हा लहो लेवत हस।

बिरझा — (खिसियावत) जादा गुनमुन गुनमुन झर कर। जाबे ते भइगे ओंड़ा ला दे रहिबे......अउ सुन........ उही डाहर ले जेचकी दाई ला तुरते बला के लानबे।

थूकेल — हव (कहिके चल देथे)

दृश्य – चार

(बांस गीद गवइया अउ रागी के प्रवेश, बांस के सुर के संग कथा वाचन करथे)

बांस बजइया– (बांस वाद्य ला फूंकथे) रोंह............रोह............ रोहे रे भाई मोर रोंह रोंह मोर रोंह रोंह ग रोंह......... ए रोंह रोंह रागी रोंह रोंह मोर रोंह रोए ग.....

टीकाकार– सुकुवा अउ पहाती के भाई मोर चिन्हा अवत रइया हे ग। थूकेल अउ बिरझा के घर म खुशी बगरइया हे हो.....

बॉस बजइया– (बांस वाद्य ला फूंकथे) रोंह रोंह रे रोंह रोंह भाई मोर रोंह रोंह ए रोंह रे रोह रे ग– । रोंह रो ए रोंह रो भाई मोर रोहें रो ए रोंह रो ए गा........

दृश्य – पांच

(मंच म बिरझा अउ थूकेल हा फिकर करत बइठे हे। पहाती ह टेन्सन :ती ओती घूमत हे। ओतके बेर बैक ग्राउण्ड ले लइका के रोए के आवाज अ :हे............एहे..............एहे................)

(जेचकी दाई ह नवजात शिशु ला घर के मंच म आथे)

जेचकी दाई – (खुशी) लछमी अवतरे हे बिरझा..........लछमी अवतरे हे.........

(डोकरी ह खुशी के मारे नोनी ला पा के चूमथे, पुचकारथे। बिरझा हा नोनी ला चूमत, पुचकारत रथे, ओइसने म ओकर त मया के मारे थूकेल हा घलो पहुंच जथे।

बेरझा – (थूकेल ला नोनी ला पवावत कथे) सुनत हस पहाती के द हमर घर मोर बूढ़ी सास अंवतरे हे–।

थूकेल – तैं कइसे जान डरे ?

बेरझा – देखत हस, नोनी के पेट म तेलई हे। अइसने हमर बूढ़ी सास पेट घलो तेलई रिहिसे–

थूकेल – अच्छा त, जब ले तेंह हमर घर आये हस तब ले मोर डोकरी द के. पेटे ला देखत रेहे..........

बेरझा – मजाक–उजाक ला छोड़, अब तो छट्‌टी के तइयारी कर !

(बिरझा ह थूकेल ला घरावत)

ए ले धर ब्याज ला।

थूकेल – मूलधन हा कइसे हे ?

बेरझा – कोन मूलधन ?

थूकेल – अऊ कोन मूलधन, बहू हा।

बेरझा – बहू के गंज फिकर हे।

थूकेल – अरे फिकर कइसे नइ करबे रे भई, मूलधन हा बने रही तभे ब्याज हा बाढ़ही।

बेरझा – मूलधन घलो बने हे

थूकेल – भगवान के किरपा ले जच्चा बच्चा दुनो अच्छा हे। अइर भगवान के किरपा हमर परिवार उपर बरसत राहै।

दृश्य – छैः

(बांस बजइया अउ गायक अउ रागी के प्रवेश)

बांस बजइया – (बांस वाद्य ला फूंकथे) रोंह रो ए रोह रोह भाई मोर रोंह रोंह ए रोंह ए ग। रोंह रो ए रोंह रो भाई मोर रोह रो ए रोह रो ए ग.... ।

टीकाकार – सुनत हस रागी......... ।

रागी – हव

टीकाकार – छत्तीसगढ़ के नाव जगइया नोनी अवतरे हे ग..........पद्म भूषण तीजन बाई, पद्मश्री शमशाद बेगम, पद्मश्री फूलबासन यादव अउ ममता चंद्राकर कस छत्तीसगढ़ के नाव ला रोशन करही हो.

रागी – हव जी।

बांस बजइया – रोंह रोह ए रोंह रोंह भाई मोर रोंह रोंह ए रोंह रोंह ए ग.....रोह रोह ए रोंह रो भाई मोर रोंह रोंह ए रोंह रो ए ग........... ।

टीकाकार – बेटी लछमी सरसती अउ दुरगा के अवतार होथे रागी, घर म संस्कार लाथे ग, बेटी वाले दाई ददा बड़ भागमानी होथे ग..।

रागी – बड़ सुघ्घर बात केहे भइया।

टीकाकार – बधाई, बधाई भइया बधाई बधाई ए ग।, मंगल गीत गावव भइया खुशी मनावव ग।

रागी – हव भइया..........चलो सब झन खुशी ला मनाबोन रोंह रोह ए ग रोंह रोंह ए रोंह रो रे भाई मोर रोह रोहं ए रोंह रोह ए ग...

दृश्य – सात

मंच म छट्टी के नेंग चलत हे। छट्टी म पधारे सगा सोदर अउ हितु पिरितु मन के नाऊ हा छट्टी सांवर बनावत हे, कुछ मन नाश्ता करत हे त कुछ मन चाहा पीयत हे–

(पहाती हा चाहा नाश्ता देवत रथे। ओइसने म ढालू हा कथे–)

ढालू – कइसे पहाती

पहाती – काये ?

ढालू – भइगे चाहा मर ला पियाबे ते चेपटी उ के घलो बेवस्था करबे।

पहाती – का ढालू चेपटी पीयत तोर गाल हा चेपटा गे हे तभो ले चेपटी मांगत हस। मैं चेपटी(दारू) नइ दे सकौं।

ढालू – काबर ?

पहाती – सुकवा हा बिल्कुल मना कर देहे चेपटी चेपटा बर।

ढालू – काबर

पहाती – दारू पियई हा बने बात नोहे। दारू पियइया मन के तन मन धन अउ मान सम्मान सबो सिरा जथे।

ढालू – अच्छा त तैं अपन बाई के बुध म आ के मोर बर चेपटी के बेवस्था नइ करत हस। तैं ओ दिन ला भूला गेस जब हमर घर छट्ठी म आए रेहे त तोर बर चेपटी के बेवस्था करे रेहेंव। त का मोर बर तें नी कर सकस ? तैं नइ पिया सकस ते मैं घर के लाने हवं, एक पउव्वा। अपन बेवस्था हम खुद करके चलथन समझे–। डिस्पोजल ला ला अउ पेक बना।

पहाती – पहिली पियत रेहेंव, ढालू फेर जब ले सुकुवा आए हे तब मोर दारू ला छोड़वा देहे। अउ तहूँ छोंड़ **दारू पियई हा बने बात नोहे।** (पहाती हा ढालू के दारू ला झटक के फेंक देथे।)

ढालू – (तमतमा गे) मोर चेपटी ला फेंक देस पहाती।

पहाती – मैं तोर चेपटी ला नइ फेंके हव ढालू बल्कि तोर बिनास के कारन ला फेंके हवं।

ढालू – (अंगरी देखावत) तोला देख लुहूं पहाती

पहाती – पहिली अपन आप ला तो देख ताहन मोला देखबे। लडबिड़ लड़बिड़ खुदे करत हस अऊ मोला देख लुहूं काहत हस।

पहाती – अब तो पूरा चेपटी वाले मन ला सुधारे बर परही नही ते घरो–घर बरबाद हो जही।

(ओती माइलोगन मन कांखे पानी पीयत हे, सोंठ ढुड़ही खावत हे। मुनगा बरी संग भात खावत हे।)

(समधीन भेंट होवथे। ताहन लइका ला एक दुसर ला पवावत हे। पवइया मन चुमा चांटी ले–ले के असीस के रूप म रूपिया पइसा घरावत हे त कोनो झबला देथे त कोनो गला पहिरे बर चंदरमा देवत हे।)

(रात घर म रमायेन होथे। रमायेन पाटी वाले मन बाल काण्ड के रामजन्म प्रसंग ला सुनाथे। बिसर्जन के बाद सोहर गीत गाथे।–)

सोहर गीद

गुरू गनपति चरन मनायेंव दाई
जिभिया में सरसती आवय ना
मनायेंव महादेव, रितोयेंव सब दिन
बेलपान चढ़ायेंव धोवा चाँउर
तभे तो मोला चिन्हा दिसे वो
रहि रहि सोहर ला गाववं वो
मन में सुख ला पाववं वो
सास मोला पूछे ससुर सुख लागे
जोड़ी के छाती फूले वो
बड़ मलमल ही ननंद मोर रानी
नोनी ला पा के झूलावय वो
जोरि के दूनो हाथ गुन गाववं
जोड़ी ला गोहराववं वो
सुन पति देवता तूहीं ला कहिथवं
नोनी ला मिलै तोर दुलार ना
तोर–मोर मया के चिन्हारी ला
देखि डारिस संसार हो ना।

दृश्य – आठ

(सुकुवा हा लइका ला लोरी सुनावत रथे)
सुति जबे सुति जबे बेटी सुति जबे सुति जबे वो
सुति जबे सुति जबे बेटी सुति जबे सुति जबे वो
(लइका हा लोरी सुनाए के बाद घलो सुतत नइहे)

बिरझा – कइसन रोवत हे सुकुवा, लइका हा। बने दुध पियाये हस ते नही

सुकुवा – पियाये हवं दाई, कोन जनी काबर नइ सुनत हे ? डॉक्टर ला बलाए बर परही तइसे लागत हे–

बिरझा – राह, राह, राह, राह। महूँ हा निच्चट अड़ही हवं। छट्‌टी बरही के चक्कर म सब ला भुला गेंव। लइका होइस त सबले पहिली परेतीन दाई म चूरी पाट चघा चघा के असीस लेना रीहिसे।

सुकुवा – परेतीन दाई के चक्कर म काबर परे हस दाई ?

बिरझा – तभो ले सुकुवा, हमर परिवार म परेतीन दाई ला माने के परम्परा पुरखा ले चले आवत हे– (ओतके समे पहाती अउ थुकेल हा आथे)

बिरझा – (पहाती ला) जा तो रे बेटा परेतीन दाई म चूरी पाट चघा देबे।

पहाती – तहूँ, अहा का लगा रखे हस पहाती के दाई, आज वैज्ञानिक युग म मनखे हा कहाँ ले कहाँ तक पहुंचगे अउ तैंह अभी घलो अरेतीन परेतीन के चक्कर म परे हस। ए सब अंध विश्वास ए

थूकेल – बने तो काहत हे पहाती हा।

सुकवा – नही बाबू जी, दाई हा घलो बने काहत है

थूकेल – का बने काहत हे ?
(थूकेल के बोली ला सुन के बिरझा हा रिसाए ला घरही।)

थूकेल – डोकरी होगे हस फेर कोंहड़ा कस मुहूँ ला फुलोए बर नइ छोड़े हस। ले चल पहाती के दाई, महूं हा काला–काला गोठिया परे हवं। (मनावत) ले रे भई वहू जरूरी हे।

बिरझा – नही डोकरा तहूं बने काहत हस। (बिरझा अउ थूकेल अन्दर चल देथे। पहाती घलो घर ले बाहिर जाये बर धरथे।)

सुकुवा – (पहाती ला) रू कौ तो जी, उही डाहर ले डॉक्टर बाबू कर चल दुहू। लइका बड़ रोवत हे कहिके बताहूं। दवई–पानी दिही तेला ला लेहू। अऊ बने पूछ लेबे। कइसे खवाना हे तेला–

पहाती – हव रे भई.......

दृश्य — नौ

गॉव के मन बड़ा घूम घाम से भोजली ठण्डा करे बर सगरी जाथे। गीत के संगे संग रेम के रेम नोनी मन भोजली बोहे आगु डाहर बढ़थे। भोजली के दृश्य उमरथे (गीत बेक ग्राउण्ड ले चलत रथे....)

भोजली गीत

ओ ओ देवी गंगा, देवी गंगा, लहर तुरंगा
हमर भोजली दाई के मींजे आठो अंगा
ओ ओ देवी गंगा.............
माड़ी भर जोंधरी पुलुस कसियारे
जल्दी जल्दी बाढ़व भोजली होवव हुसियारे
ओ ओ देवी गंगा..........
जहाँ बीड़ा दीन्हा मड़ाय
कउनो वीर महोबा के रे
जेहा बीड़ा लेहू उठाय
अउ चन्द्रकली के भोजली ला रे
तरिया म देही सराय।
आ गईस पूरा बोहा गईस मलगी
हमर भोजली दाई के सोने सोन के कलगी
ओ ओ देवी गंगा........
लिपि डारेन घर अंगना, छोड़ि डारेन कोन्हा
सब पहिरे लाली भोजली पहिरे सोनहा
ओ ओ देवी गंगा.........
आ गइस पूरा बहा गइस झिटका
भोजली दाई के अंग म चंदन के छिटका
ओ ओ देवी गंगा........
पानी बिना मछरी पवन बिना धाने
सेवा बिना भोजली के तरसे पराने
ओ ओ देवी गंगा......
कुटि डारेन धान पछिन डारेन भूंसा

लइका लइका हवन भोजली झन करिहौ गुस्सा
ओ ओ देवी गंगा......
आठे के गेहूं नवमी के बोवाइन
दसमी के भोजली जरई घर आइन
एकादसी के भोजली दू दी पान होइन
दुवास के भोजली मोती पानी चढिन
तेरस के भोजली लहसि बिहँस जाइन
चौदस के भोजली पूजा पहुर पाइन
पुन्नी के भोजली ठंडा होइ जाइन
आसा खेलेन पासा खेलेन खेलेन गिल्ली डण्डा
अतेक सुघ्घर भोजली ला कइसे करबो ठंडा
ओ ओ देवी गंगा......
गांव के धरसा म एक पेड़ बोहारे
झोंकि लेहू भोजली दाई हमरो जोहारे
नवा रे हँसिया के जरहा रे बेंठ
जियत जागत रहिबो भोजली फेर होही भेंट
ओ ओ देवी गंगा......

(सगरी म भोजली सरोए के दृश्य, एक दुसर के कान म भोजली खोंच के 'सीता–राम' भोजली कहिके काहत भोजली के दृश्य संग दृश्य समाप्त हो जाथे।)

दृश्य – दस
(बोरिंग के दृश्य)

(दु तीन झन माई लोगन मन बोरिंग म पानी भरत–भरत पहाती अउ सुकुवा के ला परेतीन घर के रिहिसे कहिके गोठ बात करत रिहिन हे.....)

परागा – सुने य परनिया, रात कनि सुकुवा के लइका ह चुप्पे नी होवत रिहिसे। आधा रात ले लइका बड़ रोवत रीहिसे य......

परनिया – अई, परन दिन तो बने–बने छट्ठी ला मनइन। लइका ला बने हांसत खेलत राहय। मोठ–डाठ, पुतरी कस फकफक ले ओग्गर दिखत रीहिसे। काकर नजर लगगे त।

सोहागा – अई..........छट्टी म महूं रेहेंव य। ओकर समधियाना मन अइन ओमा ले एक झन राड़ी डोकरी हा हेचकर के लइका ला पइस।

परनिया – हव रे बैरी, कब कोन काय कर दिही तेकर कोनो भरोसा नइहे। घर लागे न बाहिर।

परागा – हव य, सुकुवा इहां के ह, रात के दु बजे परेतीन दाई म चूरी पाट चघइस त लइका हा रात भर सुतिस। चल य बैरी जाबोन, नदिया नहाए बर घलो जाना हे।

परनिया – रीठा अउ मुड़मींजनी माटी ला धर लेबे। आज मूड़ी ला मिंजहूं। (ओइसने म हउला, बोह के सुकुवा हा पहुंचथे।)

झूलन – कस य सुकुवा, सुने हन तोर लइका ला परेतीन धर ले रिहिसे कथे। बिक्कट रोवत रीहिसे का ?

सुकुवा – तहूं मन अंधबिस्वायी हवौ। कोनो परेतीन उतेतीन ला देखे हवौ तुमन ?

परागा – त, लइका हा काबर रोवत रीहिसे ?

सुकुवा – नही य, ओलो चुन्ना धर ले रिहिसे। पेट पीरा म रोवत रीहिसे। उप्पर ले मैंह लुका के चेंच भाजी ला खा दे रेहेंव तेकर सेती लइका के पेट ह पिरावत रीहिसे अउ मोरो पेट हा गुरगुर गुरगुर करत रीहिसे।

परागा – तहूं हा य सुकुवा सोठ ढुड़ही अउ तीली लाडू ला खाय बर छोड़ के लालच म भाजी पाला खाए ला धर ले। अभी तो लइका के फुन्नावत ले परहेज के जरूरत हे। अभी बने हव नही दुनो झन ?

सुकुवा – हव, अभी बने हन। रात कन डॉक्टर हा अइस, दवई दिस त एदे

महतारी बेटी बने रात भर सुते हन।

परनिया – चलो ना य गोठियाते रहू ते घरो जाहू–। फेर रात कना सुकुवा मन नाचा घलो करावत हे नोनी आए के खुशी –

परागा – (गुड़ाखु ला बोरिंग के बाजू म थूकत) अई मैं तो भुला गे रेहेंव। राह न रे बैरन मुहुं ला घोवन दे।

सुकुवा – (देख के) ए हा काये य ?

परागा – गुड़ाखु ए य गुड़ाखु।

सुकुवा – एकर ले तोला का मिलथे ?

परागा – मुहूं हा बने सप्फा लागथे अउ खाना हा बने पचथे।

सुकुवा – मुहुं हा बने लागथे ते नी लागे तेला में नी जानौं फेर **गुड़ाखु करे ले मुहुं केन्सर के बीमारी होथे।** रहि बात खाना के त।

परागा – त का य ?

सुकुवा – गुड़ाखु ले खाना वाना कुछु नइ पचै बल्कि पूरा शरीर हा पच जथे।

झूलन – अई, सुकुवा बने काहत हे वो, महूं हा मंजन के आदि होगे रेहेंव। चलो दई किरिया खाथन आज ले गुड़ाखु नी करन।

सुकुवा – रात म मानदास टण्डन के खड़े साज के नाचा हे सब झन देखे बर आहू.

काया खण्डी भजन

ठगनी का नैना चकाए

कद्दु कांट मिरदंग बनाए, नीबू कांट मंजीरा,
पांच तरोर्ठ मिल मंगल गावै, नाचै बालम खीरा, ठगनी का...

भैंस पद्मनी चूहा आशीक, मेढ़क ताल लगावै,
छप्पर चढ़ के गदहा नाचै, ऊंट भीष्म पद गावै, ठगनी का...

रूपा पहिर के रूप दिखावै, सोना पहिर ललचावै,
गले डाल तुलसी के माला, तीनो लोक भरमावै, ठगनी का...

आमा डार चढ़ि कछुवा टोरे, गिलहरी चुनचुन लावै,
कहत कबीर सुनौ भई साधो, बगुला भोग लगावै, ठगनी का...

दृश्य – ग्यारह

बिरझा हा कोंटा म नतनीन ला थपोल – थपोल के सेंकत हे। जेवनी डाहर गोरसी अंगरा आंगी माढ़े हे, तीर म सरसो तेल माढ़े हे। सरसो तेल ला हाथ चुपर–चुपर के आगी म ऑच देखा देखा के नोनी ला भुलवार भुलवार के गाना गावत गावत सेंकत हे–

"तरी हरी नाह नरी बेटी, तरी हरी नाह नरी य
तरी हरी नाह नरी बेटी, तरी हरी नाह नी य....।
(गाना गावत गावत अपन बहू सुकुवा ला आवाज देथे।)

बिरझा – सुकुवा, देख तो रोगही बिलई हा उही डाहर खुसरिस हे, दुध ला सींका म टांग दे।

सुकुवा – टांग डरे हवं दाई।
(ताहन फेर तरी हरी नाह नरी नाना वो बेटी तरी हरी नाह नरी ए च – तरी हरी काहत काहत सेंकत रथे ओइसने नोनी ह फदफद ले चिरक देथे)

बिरझा – एद् दई, यहू डम्फायन हा अमीच्च फदफद ले चिरक दिस। आजे खीर ला हकन के खाहूं कहि के गुने रेहेंव, छी दई......घीनघीन लागत हे, मन हा बिचक गे।
ए सुकुवा, आ तो, जुनहा अउ पानी ला लान।
सुकुवा हा गघरी ला घर के पानी भरे बर निकलथे। संग म जुनहा कपड़ा ला घलो लाथे।

सुकुवा – ए ले।

बिरझा – ओकियासी, ओकियासी लागत हे, ए ले धर, तिंही धो अउ पोंछ, बस्सागे, कलबेन्दरी हा........

सुकुवा – ले ना दाई, तिहीं पोंछ दे, मैं पानी भर के आवत हौं।
(सुकुवा पानी भरे बर चल देथे।)

दृश्य – बारह
(बोरिंग के दृश्य)

(बोरिंग के दृश्य–चार पांच झन माईलोगन मन बोरिंग म पानी भरत हे, ओतके बेर सुकुवा के पानी भरे बर पहुंचती होथे।)

मितानीन – (यहू पानी भरत रथे) कइसे सुकुवा ए साल तीजा लेवइया नी आए हे का ?

सुकुवा – भइया आए रिहिसे फेर मिही ह मना कर देंव।

मितानीन – काबर ?

सुकुवा – लइका अभी नानकून हे, कहाँ एला धरे धरे घूमत रहूँ अऊ टीका घलो लगवाना हे। उहाँ जाहूँ ताहन अपने म भूला जहूँ ताहन लइका के जतन कहाँ हो पाही। पउर साल देखहूँ, लइका थोकिन सम्हले के लइक हो जही ता।

मितानीन – तहूँ सुकुवा, आजकाल तो गांव गांव के आंगन बाड़ी म टीकाकरण होथे।

सुकुवा – एला तो महूँ जानत हवं आज लइका के स्वास्थ्य ला देखहूं तभे तो ओकर तन स्वस्थ रही तब मन स्वस्थ रही। तभे तो ओकर भविष्य घलो बढ़िया रही। अब मैं कोनो किसम के रिस्क लेना नइ चाहत हौं।

(हवंला म पानी भर के घर पहुंचत रथे उही समे ठउंका पहाती घलो बजार ले साग भाजी बिसा के आथे।)

सुकुवा – आ गेस बजार ले

पहाती – हस सुकुवा, आज तो साग भाजी बिक्कट माहंगा हे। अस्सी रूपिया किलो अउ साठ रूपिया किलो गोंदली हे तेकर ले तो मछरी सस्ता हे, ए दे पड़हिना लाने हवं।

(बाजू म बिरझा हा लइका ला नहवावत रथे।)

बिरझा – कइसे मोर बेटी हा छपर–छपर नहावत हे दई, ए ले ले....... मोर दुलौरिन बेटी, मोर हीरा............।

सुकुवा – नहवा डरे दाई ?

बिरझा – हव, ए ले धर तोर लइका ला, भुखागे ले, पिया दे।

(सुकुवा हा अपन बेटी कुहुक ला पियावत बइठ जथे।)

सुकुवा – नांदिया बइला ला भुलाये तो नइ हस ना ? कुहुक के बाबू ?

पहाती – हव रे भई।
(लइका ला दुलारत)
वाह बइला के संगे संग पोरा चूकी ला घलो लाने हवं कुहुक के दाई। न बेटी कुहुक।
(सुकुवा अउ पहाती दुनो झन हाँसथे।)

बिरझा – तुमन अपनेच बेटी बर सोंचत रहू ते मोरो बेटी ला तीजा लाने बर जाहू।

सुकुवा – काली बिहनिया ले जाही दाई तीजा लाने बर।

बिरझा – खुरमी सोंहारी अउ बरा बने जोर देबे।

सुकुवा – हव दाई।

बिरझा – पहाती ला कहि देबे, दमॉद ला कहि दिही– ए पइत दु–चार दिन जादा बर पठो दिही।

सुकुवा – हव दाई, बने काहत हस। मोरो बर बूता थोकिन हल्का हो जही।

बिरझा – अच्छा त मोर बेटी ला, तोर बेटी के जतन करे बर तीजा लानहू।(खिसियावत) ए बेंदरी के मारे महूँ ला तीजा जाए बर नइ मिलत हे। एक ठन तीजा के लुगरा मिल जाय रहितीस ते।

सुकुवा – ओ हो............दाई, तोर बेटा हा पहिलीच्च ले हमर तीनो झन बर लुगरा बिसा के लान डरे हे। एसो हम्मन तीनो झन मिल के एके संग तीजा ला बड़ा घूम धाम ले मनाबोन।

बिरझा – (खुश हो के) ए होइस ना बात।

थूकेल – भइगे गोठियाते भर रहिबे ते तीजा पोरा के तइयारी करबे।
तीजा के दिन सब बेटी माई मन अपन मइके आये रथे– कोनो मन खो–खो खेलत हे त कोनो बन झून्ना झूलत हे त कोनो न बिल्लस खेलत हे त नोनी मन फूगड़ी खेल खेलत हे–

फूगड़ी गीत

गोबर दे बछरू गोबर दे
चारों खूंट ला लीपन दे
चारो देरानी ला बइठन दे
अपन खाथे गूदा गूदा
हमला देथे बीजा
ये बीजा ला का करबो

रहि जबो तीजा।
तीजा के बिहान दिन, घरी घरी लुगरा
चींव चींव करे मंजूर के पिला
हेर दे भउजी कपाट के खिला
एक गोड़ म लाल भाजी
एक गोड़ म कपूर
कतेक ला मानंव मय
देवर ससूर
फुगड़ी रे फू–फू
फुगड़ी रे फू.........।

दृश्य – तेरह

(सुकुवा अउ परनिया दूनो झन अलग–अलग पखरा म चूरेना कांचत रथे, कपड़ा कांचत कांचत दुनो झन गोठियाथे।)

सुकुवा – सवाना नइ दिखत हे ?

परनिया – ओकर तबियत खराब हे।

सुकुवा – का होगे हे ?

परनिया – टी.वी. होगे हे कथे।

सुकुवा – बने इलाज पानी नइ करवातिस य।

परनिया – त पइसा कहां ले पाही ?

सुकुवा – **सरकार हा स्मार्ट कार्ड धारी मन के मुफ्त इलाज करवाथे** ते ह–

परनिया – अई.........नइ जानत रेहेव।

सुकुवा – तहूँ जा अउ तुरते स्मार्ट कार्ड बना संगे संग सवाना ला घलो स्मार्ट कार्ड बनवा के जल्दी इलाज शुरू करे बर का। वइसे भी सरकार हा टी.वी. के मुक्त इलाज करथे।

परनिया – अई हव य, आजे जाहूं अउ बनवाहूं संग म सवाना ला घलो स्मार्ट कार्ड बनवाए बर कहूं।

सुकुवा – डॉक्टर हा नइ बतइस का टी.वी. कइसे होइस तेला ?

परनिया – चुल्ला मम फूंक फूंक के आगी बरई के सेती धुंआ हा सरीर चल देहे तिही पाये के टी.वी. होए हे।

सुकुवा – आज तो सवाना भर ला होय हे धीरे धीरे गांव भर के ला टी.वी. बीमारी हो जही।

परनिया – त एकर ले कइसे उबरे जाय ?

सुकुवा – एकरो उपाय कर डरे हे सरकार ह

परनिया – का उपाय हे ?

सुकुवा – घरो घर **'उज्जवला योजना'** के तहत गैस चूल्हा देवत हे। अब घरो घर गैस चूल्हा हो जही ताहन टी.वी. ले मुक्ति मिल जही। अब रूख राई कटई बंद हो जही। **रूख राई हरियर रेहे ले पर्यावरण हा स्वच्छ रही।** बढ़िया हवा पानी मिलही।

परनिया – हव य बने काहत हस।

(ओतके बेर खोरबाहरिन हा आथे)

खोरबाहरिन – सुने हव य ?

परनिया – काला य ?

खोरबाहरिन – ढालू ला खतम होगे कथे य।

सुकुवा – कइसे खतम होगे कथे ?

खोरबाहरिन – बीमारी म।

सुकुवा – का बीमारी हो गे रीहिसे ?

खोरबाहरिन – मलेरिया होगे रिहिसे कथे।

परनिया – मलेरिया कइसे होथे ?

सुकुवा – भूसड़ी (मच्छर) ले।

परनिया – भूसड़ी कइसे पनपथे ?

सुकुवा – गंदगी अउ रूके पानी ले।

परनिया – हव य, ढालू के घर के तीर म भारी गंदगी रिहिसे अउ गंदा पानी घलो डबरा म भराए रिहिसे।

सुकुवा – चलो हम्मन सबो सहेली मिलके **'स्वच्छ भारत मिशन'** के तहत गांव के गंदगी के सफाई करके सब ला बीमारी ले बचाबोन।

खोरबाहरिन – एला तो सरकार ह करही, हमला का करना हे ?

सुकुवा – हमर समस्यिा के निदान ला हम नी करबोन त कोन करही। आखिर सरकार कोन ए ? हमीच्च मन तान। **स्वच्छता अभियान खातिर** सब ला जागरूक करे बर परही तभे "स्वच्छ भारत, स्वस्थ भारत" बन पाही।

परनिया – बने काहत हस सुकुवा। हमु मन किरिया खाथन की हम्मन गांव ला स्वच्छ करे बर सब झन भिडिंगे।

सुकुवा – महूँ किरिया खाथौं। अपन बेटी ला डॉक्टर बनाहूँ ताकि हमर गांव के मन कोनो बीमारी म झन मरै

परनिया – बने काहत हस सुकुवा। तैं तो हमर पंचायत के सरपंच बने के लइक हस।

खोरबाहरिन – अवइया चुनाव म तोला सरपंच बर खड़ा होए बर परही।

सुकुवा – अभी चलो सफाई करे बर होथन ताहन चुनाव आही ताहन ओकरो बर सब झन खड़ा होबोन।

(सब झन खुशी म खलखला के हॉस डरथे।)

दृश्य – चौदह

सब अंगना सेकलाये हे। ढालू के अरथी तइयार हे। उपर सफेद कपड़ा(कफन) ओढ़ा के सुमा डोरी बांधे रखे हे। मुड़ी के आघु म माटी के करिया बरतन छेना आगी गुंगवावत हे। ओकर परिवार दुख मनावत हे। सब रोवत गावत

पांचो – (ढालू के गोसइन रोवत रोवत) तैं मोला छोड़ के चल देस जोड़ी। मैं तोर बिना कइसे जीहूं राजा ए हें हे.......

परनिया – (चूप कराथे) चूप बहिनी चूप। दुनिया आए हे तेला तो एक दिन जायेच ला परही। अतकेच दिन बर भगवान हा लिखे रिहिसे ओकर जीनगी ला।

पांचो – (ढालू के गोसइन) तोर राहत ले मैं कोनो दुख ला नइ जानत रेहेंव जोड़ी ए हे हे......अब तो सेन्दुर बिना मोर मांघ अउ चूरी बिना मोर हाथ हा सुन्ना होगे जोड़ी ए हें हे........।

(ओतके बेर सब झन ओला पिताम्बरी ला ला के ओढ़ावत रिहिन हे।)

पहाती – ए सब का ये ?

दुकालु – बिचारा कका हा हमला छोड़ के चल देहे तेकर सेती ओकर सम्मान म पिताम्बरी ओढ़ावत हन।

पहाती – जीयत रिहिस त तो बिचारा हा कपड़ा लत्था बर तरसगे फेर कोनो हा एको ठन ओकर सम्मान म ओला धोती दे रेहेंव। अउ सुनो जी आज के बाद पिताम्बरी ओढ़ावन ना ओढावन देवन। एकर बर शक्त ग्रामीण नियम बनाए बर परही।

समारू – (खिसिया के) त का हम्मन अपन रिश्तादार बर अतको नइ कर सकन।

पहाती – (समझाती) नइ कर सकौ।

समारू – त काबर नइ कर सकन ?

पहाती – अरे, पिताम्बरी ला आखरी म जला दे जाथे। कोनो काम के नइ आवै। यदि तुहंला कुछु करना हे त पिताम्बरी के बदला मृतक परिवार ला जेकर ले जतना बन सकै आर्थिक सहयोग दे जा सकथे जेहा क्रिया करम म काम आ सकथे।

दुकालू – अब तिहीं बता कका ला ओकरे बेटा न गंगा लेगबो काहत हे त कइसे करही।

पहाती – देख भाई एमा उंकर श्रद्धा जुड़े हे। मैं रोक तो नइ सकौ फेर जीयत ले उमन ला अपन बाप उपर कतना श्रद्धा रिहिसे तेला गु लै।

समारू – त का मृत्यु भोज बर कइसे करिंगें ?

पहाती – अब **मृत्यु भोज आजे ले बंद करना हे।** जतना भोज करवाना हे, जीयत ले ओकर सेवा जतन कर लेव। गरीब आदमी घर खाये बर दाना नइहे अउ रेहे बर बने असन घर कुरिया नइहे त कहां ले मृत्यु भोज करवाही ?

दुकालू – कइसे गोठियाथस पहाती। खाए बर सरकार हा एक रूपिया चांउर अउ रेहे बर **अटल आवास योजना** के तहत घर देवत तेह।

पहाती – त का **सार्वजनिक वितरण प्रणाली** के चाउंर अउ अटल अवास योजना के घर ला बेंच के मृत्यु भोज कराबे आंय– गरीबी म आटा गिल्ला। चलो बहुत होगे गोठियावत। अरथी ला उठावव।

(ढालु के बेटा मन अरथी ला बोहथे। माइलोगन मन आरती धरे अरथी के उल्टा भॉवर लगाथे। ताहन अरथी ला बिदा करथे।)

(रद्दा म लाई, घान म सिक्का मिंझार के सिंचत मशान घाट डाहर आगु बढ़थे। सिक्का ला लइका मन दउँड–दउँड के बीनत रथे। अरथी ला मंच म एक भॉवर किंजारे के बाद परदा के अन्दर लेग जथे।)

(माई लोगन मन रोवत–रोवत नहावन बर निकलथे मंच ले एक डाहर ले निकाल के दुसर डाहर जाथे।)

(बेक ग्राउण्ड ले चतुर्भुज देवांगन 'देव' के लिखे भजन चलथे। जेला चिकारा वादक मंच भजन गा के प्रस्तुत करथे)।

भजन

माटी होही तोर चोला
माटी होही तोर चोला रे संगी
माटी होही तोर चोला
माटी ले उपजे माटी म बाढ़े
माटी में मिलना हे तोला रे संगी
माटी होही तोर चोला।।

माटी के घर म माटी के भुइंया
लाख जतन करे माटी के दुनिया
बड़े—बड़े मनखे नइ बांचिस
कोन कहे अब तोला रे संगी
माटी होही तोर चोला।

चारेज दिन के सुघ्घर मेला
आखिर में सब माटी के ढेला
मत बन काकरो दुसमन बइरी
जाना हे एक दिन तोला रे संगी
माटी होही तोर चोला।

सुंदर काया ले मोह हटा ले
मन मंदिर म जोत जला ले
ये तन संग न जाही रे मूरख
जीयन भर के चोला रे संगी
माटी होही तोर चोला।

दृश्य – पन्द्रह

(पंचायत म आठ दस झन माईलोगन मन सकलाय हे।)

केकती – कइसे य सुकुवा काबर मिटिंग सकेले हस ?

सुकुवा – बइठक एकर बर सकेले हन केकती। हम्मन **"महिला मण्डल"** के गठन करबोन कही के।

केकती – एकर ले का होही ?

सुकुवा – सब महिला संगठित हो के **'महिला स्वायत्तता समूह'** के गठन करबोन। एमा सब महिला ला रोजगार मिलहीं जेकर ले हमर आर्थिक स्थिति मजबूत होही। ताहन हम्मन आत्म निर्भर बनके अपन परिवार म सुख शांति अउ समृद्धि के महानदी बोहाबोन। अउ सुनौ, **'दीदी बैंक'** घलो खोलबोन

मंगलीन – 'दीदी बैंक' ले का फायदा होही ?

सुकुवा – "दीदी बैंक" म हर महिला सौ–सौ रूपिया जमा करबोन। ताहन जउन ला जरूरत परही ओला नाम मात्र ब्याज म ओला उधार देबोन तेकर ले वोकर काम ह निपट जही अउ महिला मण्डल म धन के घलो बढ़ोतरी होही। जेकर ले गांव के विकास म बड़ मदद मिलही।

मंगलीन – सुने हन सुंदरा गांव म तो नोनी मन ला सरकार हा साइंकिल बाँटे हे कथे।

सुकुवा – हव य ! सरकार हा हमरो गांव के नोनी मन ला अवइया हफ्ता **सरसती साइकिल योजना के तहत साइकिल वितरण करही।** अब सब झन नोनी मन ला घलो बने पढ़ाहू–लिखाहू। स्कूल म लइका मन ला मध्यान भोजन के संगे संग मुक्त किताब घलो बांटही।

केकती – अई हव य। सरकार हा हमर मन बर कतेक बढ़िया योजना बनाए हे। हम्मन ला बस लइका मन के पढ़ई उपर धियान देना हे। सुने हन अवइया साल पंचायत चुनाव घलो होवइया हे कथे

मंगलीन – हाँ होही ना।

सुकुवा – ए दरी हमुमन चुनाव लडबोन।

मंगलीन – त का हम्मन ला 'वोट' दिही।

सुकुवा – काबर नइ दिही। साल भर म हमर संगठन हा स्वास्थ्य, शिक्षा,

सफाई, जागरूकता, वृक्षा रोपण, स्वरोजगार कस अउ कतनो क्षेत्र म अतेक काम कर के देखा सकथन जेला अभीन के सरपंच हा नइ कर पाय हे। ताहन देख अवइया समे सरपंच चुनाव कइसे नइ जीतबोन ? हम्मन कोनो पुरूष ले कोनो क्षेत्र म कम नइ हन जरूरत हे अपन आप ला सशक्त (मजबूत) बनाये के।

केकती – त तुहीं ला सरपंच बनाबोन सुकुवा

सुकुवा – अच्छा हव, अउ सुनो सबो वार्ड म तहूं मन पंच बने बर ठान ले राहौ। अभी ले जन सहयोग के बूता ला शुरू कर देव।

समवेत स्वर म– हव (हव कहिके सब झन थपरी बजा के खुशी के इजहार करथे अउ स्वीकृति दे थे।)

दृश्य – सोलह

(नोनी मन रेम के रेम हाँसत कुलकत सइकिल म स्कूल पढ़े बर जावथे।)

दृश्य – सत्रह

(बांस गीत गायन कुहुक के बड़े होय के वरनन करथे।)

बांस बजइया – (बांस वाद्य ला फूँकथे) **रोंह रोंह ए रोंह रोंह भइया रोंह ए रो ग........ रोंह रोंह ए रोंह रों भइया रोंह रों ए रोंह रो ए ग.......**

टीकाकार– सुनत हस रागी

रागी – अब तो गांव म रागी नोनी मन के शिक्षा के स्तर बाढ़िस ग। देखते देखत म भइया कुहुक हा बारहवी पढ़ डारिस गा.....

रागी – हव भइया.....

बांस बजइया – (बांस बाद्य ला फूंकथे) रोह रोंह ए रोंह रो भइया रोंह रोह ए रोंह रों ए गा, रोंह रोंह ए रोह रो भइया रोंह रोंह ए रोंह रो ए गा......

दृश्य – अट्ठारह

दृश्य – संझा, स्थान – घर

(सुकुवा अउ पहाती दुनो झन गोठियावत हे।)

सुकुवा – सुनत हस जी !

पहाती – बता ना।

सुकुवा – कुहुक हा बारहवी के पढ़ाई ला पूरा कर डरे हे अउ सरकारी मेडिकल कालेज म घलो ओकर चयन हो गे हे। (सोंचत) का करे जाय, कइसे करे जाय कुहुक ला आगु पढ़ाए बर !

पहाती – महूं तो उही ला गुनत हवं सुकुवा। बेटी ला डॉक्टर बनाबोन कहिके तो किरिया खा डरे हन फेर सहर म कहाँ रही ?

(बिरझा के प्रवेश)

बिरझा – (खिसयावत) अई हमर एके झन ननतीन तेला सहर म कहाँ पढोबो। फेर बेटी जात चूल्हा फूंक्कन ताय। जादा पढ़ा लिखा के का करहु ?

थुकेल – (समझावत) बिरझा बने काहत हे बेटा, कुहुक हा बिहाव के लइक होगे हे। सगा देखे के तइयारी करौ। जादा पढ़ाए लिखाए बर झन सोंचौ।

सुकुवा – नही बाबू, बेटी ला पढ़ाना–लिखाना जरूरी हे। नारी पढ़ही त परिवार पढ़ही अउ नवा समाज ला गढ़ही।

पहाती – सुकुवा बने काहत हे बाबूं कुहुक ला पढ़ाये बर रायपुर मेडिकल कालेज म दाखिला करवाये बर परही।

बिरझा – देख लौ भई, सज्ञान लड़की ए बिगड़ जही त हमला दोस झन लगाहू।

सुकुवा – का बाबू जी, का अपन संस्कार उपर भरोसा नइहे। का अपन ननतीन उपर भरोसा नइहे ?

थुकेल – भरोसा हे बहू फेर आज के समे ला देखथौं ते डर घलो लागथे।

पहाती – नही बाबू जी, कुहुक ओइसन लड़की नोहे, बहुत समझदार हे। बोहा जरूर डॉक्टर के पढ़ाई पूरा करके डॉक्टर बनही।

थूकेल – देख लौ रे भई

पहाती – त फेर रायपुर म रही कहाँ ?

थुकेल – वो सर्वोदय समाज के **नेता केयुर भूशण** हा मोर संगवारी ए, उही ला कहि देथवं। सुकुवा ला अपन घर राख लीही। सज्जन आदमी ए।

सुकुवा – बने काहत हस बाबू। जादा होही ते किराये के घर खोज दिंगे ताहन दाई हा संग म रही जही।

थूकेल – (मजाक करत) बने काहत हस बहू। ए घंटी ले तो मोला मुक्ति मिल जही।

(सब झन खलखला के हांस डरथे)

बिरझा – (मुहु ला मुरकेटत) ए तो भइगे। (खुशी म) का होही मैं रहि जहूँ।

दृश्य – उन्नीस

(कुहुक चार पॉच झन सहेली मन सन मेडिकल कालेज के युनिफार्म म पढ़े बर जावत हे।)

(सब झन पढ़ाई सम्बन्धी गोठियावत जावत हे।)

दृश्य – बीस

रविशंकर विश्वविद्यालय म अन्तर महाविद्यालयीन बाद विवाद प्रतियोगिता के आयोजन होथे। आयोजन के विषय आय– **"पढ़ाई पूरा करे के बाद जीवन के उद्देश्य"**

उद्घोषक – एसो सब छात्र अउ छात्रा मन पढ़ाई पूरा करे के बाद अपन–अपन कैरियर बनाए के तइयारी करही। इही ला ध्यान म रखत "पढ़ाई पूरा करे के बाद जीवन के उद्देश्य" विषय उपर भाषण प्रतियोगिता के आयोजन करे गे हे। मैं सबले पहिली इन्जीनियरिंग महाविद्यालस रायपुर के मेघावी छात्र बंसी ला आमंत्रित करना चाहत हवं। बंसी मंच म आवै अउ अपन बात ला रखै।

बंसी – (मंच म आथे अउ बोले के सुरू करथे।) सम्मानित मंच अउ दर्शक दीर्घा म पधारे आदरणीय विद्वान जन, विदुषी मन, छात्र अउ छात्रा मन ला मोर सादर नमस्कार –

जइसे की आज के विषय हे–

"पढ़ाई पूरा करे के बाद जीवन के उद्देश्य"

कोई भी व्यक्ति बड़े बनना चाहथे। बड़े तभे बन सकथे जब ओकर करा **जादा रूपिया** आही अउ रूपिया जादा कब आही जब हम बिदेश म जा के नौकरी करबोन। बिदेस म हमर संगे–संग **सोहरत** मिलही। हमर देश म **बेरोजगारी बाढ़त** जावत हे। यदि रोजगार है भी ते **पैकेज** कम हे। अउ रही बात **गांव** के त मै भूल के भी **गांव** म नौकरी नइ करना चाहवं। मोला **देहाती** बनना हे ना अवइया पीढ़ी ला देहाती बनाना हे। मै अपन भविष्य ला विदेश म ही सुरक्षित पाथौ। अतका कहि के मैं अपन भाषण ला समाप्त करत हौं।

(सब झन ताली बजाथे।)

उद्घोषक – बहुत–बहुत धन्यवाद बंसी। बंसी के मुताबिक पढ़ाई के बाद विदेस जाना बहुत बढ़िया रही काबर की रूपिया, सोहरत विकास बिदेस म ही मिल सकथे। हमर देश म योग्यता के मुल्यांकन नइ होवै। मैं एकर बाद चिकित्सा महाविद्यालय के छात्रा कु. कुहुक ला आमंत्रित करना चाहत हौं की ओहा आवय अउ "पढ़ाई पूरा करे के बाद जीवन के उद्देश्य" विषय उपर बिचार रखै।

(कुहुक हा डायस करा आथे अउ भाषण के सुरूआत करथे।)

कुहुक – (अपन भाषण के सुरूआत करथे) सम्माननित मंच गुरूदेव मन ला प्रणाम अउ दर्शक दीर्घा म बिराजमान छात्र अउ छात्रा मन ला मोर सादर नमस्कार ! जइसे की आज के विषय हे **"पढ़ाई पूरा करे के बाद जीवन के उद्देश्य"**

मोर पहिली विद्वान वक्ता बंसी हा किहिस के विदेश मे ही अच्छा **कैरियर** बनही अउ जादा **रूपिया** कमाये जा सकत हे। मैं ओकर विचार के पूरा–पूरा खण्डन करथौं। हमर देश म भी बढ़िया कैरियर बनाये जा सकथे। रहि बात रूपिया के ता का जीवन म रूपिया ही सब कुछ आय । देशभक्ति के आघू म रूपिया बड़े हे। कोन कथे आज हमर देश म पढ़े लिखे के कोई कीमत नइहे। **महात्मा गांधी, अम्बेडकर, रविन्द्रनाथ टैगोर, मदर टेरेसा, इंदिरा गांधी, स्वामी विवेकानंद, नरेन्द्र मोदी अउ डॉ. रमन सिंह के का** हमर देश म कोनो महत्व नइहे ? रहि बात कैरियर के त भारत म पढ़ लिख के विदेश म कैरियर बनाए बर जाबोन ता हमर देश के कैरियर ला कोन बनाही। आज भी हम **विकाशशील राश्ट्र** के गीनती म हन मै चाहत हौं की हमर राष्ट्र **विकसीत राश्ट्र** के श्रेणी म जल्दी आवै। रहि बात गांव म नौकरी के सवाल त हमर **देश गांव के देश आय।** यदि गांव विकास करही त हमर देश विकास करही। अउ मैं हिन्दूस्तान के सब गांव ला स्मार्ट गांव के रूप म देखना चाहता हौं मै अपन पढ़ाई पुरा करे के बाद **गांव म चिकित्सा सेवा करत–करत शिक्षा, आर्थिक, समाजिक अउ स्वास्थ्य सम्बन्धी मिशन चला के स्मार्ट गांव बनाये के दिशा** म काम करहूँ। अउ अपन देश ला विश्व के अन्य देश के बराबर खड़ा करे बर जीवन खपा दुहूँ। अतना कहि के अपन स्थान ग्रहण करत हौं।

(उपस्थित जन समूह जोरदार ताली बजाथे।)

उद्घोषक – हमला कुहुक उपर गर्व हे की जउन हा **'मेक इन इण्डिया'** बनाए के दिशा म **ग्रामिण विकास खातिर** अपन जीवन ला सौपना चाहत हौं। आज देश के हर नौजवान ला कुहुक ले प्रेरणा लेना चाही। अउ हिन्दूस्तान ला सशक्त बनाए के दिशा म काम करना चाही। इही हमर राष्ट्रभक्ति आय। जब देश के सिपाही अपन देश के रक्षा खातिर शहिद हो सकथे ता का हम्मन अपन देश ला सशक्त बनाए बर हम्मन अपन योग्यता के उपयोग देश ला सशक्त करे बर नइ लगा सकन ? आज के भाषण प्रतियोगिता के निर्माण आ गे हे। निर्णायक मण्डल के मुताबिक कुहुक के चयन दिल्ली के राष्ट्रीय भाषण प्रतियोगिता बर होगे हे।

(जोरदार ताली बजाथे। एकरे संग कार्यक्रम समाप्त हो जथे।)

(सब झन कुहुक ला बधाई देथे। बंसी घलो बधाई देथे।)

दृश्य – इक्कीस

स्थान – सुकुवा के घर, समय – मंझनिया

(शीतला महिला मण्डल के बइठक)

मंगलीन – पंचायत चुनाव के घोषणा हो गे हे कइसे करबो ?

केकती – वाह, चुनाव लड़बो।

मंगलीन – इहाँ नारद ठाकुर के राज चलत हे का वोह हम्मन ला चुनाव लड़न दिही।

सुकुवा – अइसन–वइसन नारद ठाकुर ला कतनो देखे हन। बाहिर ले बासिंदा आये अउ गांव ला लड़ा के हमर उपर राज करत हे। गांव म दारू के कोचियई करावत हे। पूरा गांव बरबाद होगे हे।

मंगलीन – अपन आदमी मन कर ले हम्मन ला पिटवा दिही त

सुकवा – (जोश म) ता का हमु मन कम हन। दुर्गा चण्डी के रूप धर के नारद ठाकुर के बूता ला बना दिंगे। अउ फेर कब तक ले इंकर अत्याचार ला सहत रहिबो। चुनाव लड़बोन मने लड़बोन।

केकती – त सरपंच बर कोन खड़ा होही ?

मंगलीन – अउ कोन खड़ा होही, सुकुवा हा सरपंच बर खड़ा होही कइसे सुकुवा।

सुकुवा – तुमन काहत हव ते सरपंच बर मैं खड़ा होहूं अउ पंच बर तुमन। <u>**अन्याय के खिलाफ न्याय के लड़ाई**</u>

(सब झन नारा बोल देथे)

समर्थक – सुकुवा बहिनी

समर्थक – (समवेत स्वर म) जिन्दा बाद–जिन्दा बाद, जिन्दा बाद–जिन्दा बाद।

दृश्य – बाइस

(पंचायत चुनाव के प्रचार बड़ा जोर सोर से चलत हे। सुकुवा ला नरियर छाप अउ नारद ला गिलास छाप मिले हे।)

(सबले पहिली सुकुवा के जुलस निकलथे।)

समर्थक (एक) – हमर पंचायत के सरपंच कइसन हो ?

समर्थक (दो) – सुकवा बहिनी जइसन हो।

समर्थक (तीन) – नरियर छाप जिन्दा बाद, जिन्दा बाद

समर्थक (समवेत स्वर म) – जिन्दाबाद, जिन्दाबाद, जिन्दाबाद, जिन्दाबाद

(जुलुस हा पंचायत भवन करा सेकला जथे।)

सुकुवा – (वोट माँगे बर भाषण देथे) मोर दाई, ददा भाई बहिनी मन, कका काकी मन मोर बात ला मैं ए गांव के बहू अवं। मै जब ले ए गांव म बहू बन के आये हवं तब ले देखत हवं की जतना विकास होना चाही ओतना विकास नइ होय हे बल्कि विनास जादा होय हे। **यदि पंचायत के विकास चाहत हौ, नारी मन के सुरक्षा चाहत हव, निरमल ग्राम बनाना चाहत हवं, नशा मुक्त पंचायत चाहत हव, अपन मान–समान अउ स्वाभिमान खतिर मोला** नरियल छाप म वोट दे के भारी से भारी मत ल जिताहू।

समर्थक – सुकुवा बहिनी

समर्थक – जिन्दाबाद, जिन्दाबाद

समर्थक – पंचायत के सरपंच कइसन हो।

समर्थक – सुकुवा बहिनी जइसन हो।

(जिन्दाबाद, जिन्दाबाद, काहत जुलुस आगू डाहर बढ़ जथे।)

(एकर बाद नारद ठाकुर के जुलुस आथे।)

(नारद ठाकुर हा फूलमाला म लदाय आगू आगू हाथ जोड़ के चलत रहिथे। पीछू–पीछू ओकर समर्थक मन नारा बोलवावत चलत रथे।)

समर्थक – हमर पंचायत के सरपंच कइसन हो ?

समर्थक – हमर पंचायत के सरपंच नारद ठाकुर जइसन हो।

समर्थक – नारद ठाकुर

समर्थक – जिन्दाबाद, जिन्दाबाद

(जुलुस हा पंचायत भवन करा सेकला जथे। नारद ठाकुर हा अपन चुनावी भाषण के शुरूआत करथे।)

नारद ठाकुर – मोर दाई ददा, भाई बहिनी अउ गांव के लइका सियान मन मोर भाषण ला बड़ा धियान लगा के सुनौ। का अब हमर पंचायत म माईलोगन मन के सियानी चलही। अरे आज दुनिया अतेक बदलगे की माईलोगन मन घर म आगी फूंके बर छोड़ के पंचायत ला फूंके बर निकले हे। मर्यादा नाव के चीज हे की नही।

मै सब बेटा जात मन ले पूछना चाहत हौं की का तूमन हाथ म चूरी पहनना चाहत हौ ? का तूमन माईलोगन के इसारा म बेंदरा कस नाचना चाहत हौ ? यदि पंचायत ला माईलोगन सियानी ले बचाना हे त अपन स्वाभिमान के रक्षा खातिर मोला गिलास छाप म वोट दे के भारी मत ले जिताहू। मोला आसा ही नही बल्कि विसवास हे। पहिली सरीख आप मनके सहयोग अउ असीस जरूर मिलही।

समर्थक – नारद ठाकुर

समर्थक – जिन्दाबाद, जिन्दाबाद

समर्थक – एक दु तीन चार

समर्थक – नारद ठाकुर के जै जै कार।

(जिन्दाबाद काहत काहत जुलुस आगू बढ़ जथे।)

दृश्य – तेइस

विजय जलुस

(सुकुवा गुलाल म बोथाय रथे। माला म लदाय रथे। दमउ दफडा सीग अउ मोहरी के सूर म जनता झूम जथे। दनाका फटाका फूटत हे जिन्दाबाद जिन्दाबाद काहत नाचत कुदत, सुकुवा के घरो घर आरती उतारत जुलुस आगु बढ़त जात हे।)

समर्थक (एक) – सुकुवा दीदी

समर्थक – जिन्दाबाद, जिन्दाबाद

समर्थक (दु) – पंचायत के सरपंच कइसन हो

समर्थक – सुकुवा दीदी सरपंच हो

समर्थक (एक) – एक दु तीन चार

समर्थक – सुकुवा दीदी के जै जै कार

समर्थक (तीन) – नरियर छाप

समर्थक – जिन्दाबाद, जिन्दाबाद

(विजय जुलुस हा पंचायत भवन करा जनसभा म परिवर्तित हो जथे।)

जनसभा के दृश्य

समर्थक (एक) – सुकुवा दीदी

समर्थक (समवेत स्वर म) – जिन्दाबाद, जिन्दाबाद

उद्घोषक – आप मन के असीस ले नवनिर्वाचत सरपंच हा भारी मत ले जीतिस एकर बर **हमर पंचायत डाहर ले नवा सरपंच सुकुवा** ला गाड़ा बधाई। नव निर्वाचित सरपंच ले मोर बिनती हे के जनसभा ला सम्बोधित करे के किरपाउ करे–

सुकुवा – मयारूक दाई–ददा, भाई–बहिनी हो। मोला नवा सरपंच बना के जउन भरोसा मोर उपर करेव ओला कभू टूटन नइ दंव। मैं आप सब झन के अभारी हवं की जऊन मोला सरपंच के लइक समझेव।

अब हमला एक जूट हो के गांव के विकास बर किरिया खाना हे। हम्मन हमर गांव ला निरमल गांव बना के रहिंगे। हमला सब मिल के असमाजिक ताकत के खिलाफ सामना करना हे।

जउन किसम ले भगवान राम हा रावन के नास करके असत्य उपर सत्य के विजय पइस ओइसने हमु मन ला **अत्याचारी, अपराधी अंधविश्वास, अस्वच्छता कस राक्षस मन के नास करके अउ पंचायत के चहूंमुखी विकास करके गांव ला "निर्मल ग्राम" बनाबोन।**

तुमन तो जानतेज हव की छत्तीसगढ़ सरकार हा प्रदेश के विकास बर जी–जान लगा दे हे। खास तौर ले किसान मन बर। सही मूल्य म सोसाइटी म किसान मन के धान खरीदी होवै अउ एसो तों किसान मन ला बोनस बाँटे के घोषणा घलो करे हे। ए बच्छर देवारी तिहार के पहिली **'बोनस तिहार'** मनाबोन अउ जोरदार सांस्कृतिक कार्यक्रम के आयोजन करबो।

(बोनस तिहार के उपलक्ष्य म डॉ. जीवन यदु के लिखे गीत गुंजथे। गीत म नृत्य के संग ग्रामवासी के चेहरा म खुशी के लहर दउंड जथे।)

गीत
धान के कटोरा

मोंर
छत्तीसगढ़ ला कहिथँय भइया धान के कटोरा।
मोर लछमी दाई के कोरा।
भइया, धान के कटोरा।

चमरू, चैतू कचरू, केजू, माटी के नांव जगाथँय
फुलबतिया, सुखिया, फुलबासन, गांवे ला सरग बनाथँय
नाँगर के करमा, महिनत के सुवा–ददरिया गाथँय
लोहा–अस माटी के मुख ला, सोन्ना अस चमकाथँय
मोर राम–अस हे खोरबाहरा, सीता–अस मनटोरा
भइया, धान के कटोरा।

नवा–बिहाती–कमस दिखथें रे, इँहा के डोली धनहा।
गाय–असन सिधवा होथँय रे, जम्मो हमर किसनहा।
माता–देवाला के धज्जा अस उज्जर होथय मन हा।

भेलई के लोहा–कस दिखथय रे छत्तीसगढ़िया तन हा।
छत्तीसगढ़िया, जुग बदलिस, फेर छाड़िन नही कछोरा
भइया, धान के कटोरा।

गजब मयारू छत्तीसगढ़ के माटी हे महतारी
परलोखिया, ननजतिया–जेमन एकर करथँय चारी
सबला बाँटेन चाउँर, संगी ! हमर हे जुच्छा थारी
सबके मुख म चारा डारेन, हम लाँघन सँगवारी
तमो ले संगी ! हमला भूंजिन, भुर्री बार के होरा
भइया, धान के कटोरा।

घुरूवा ला तीरथ कर डारिन, छत्तीसगढ़िया भाई।
पुरा–जमोगा हम का करबो, जा के देखव भेलाई।
महिनत के माटी ले पाटिन, खोचका–डबरा–खाई।
भुइँया होगे 'धान–कटोरा', किरपा–लक्ष्मी दाई
अपन मुँह ले हम का कहिबो, देखव हाथ के फोरा
भइया, धान के कटोरा।

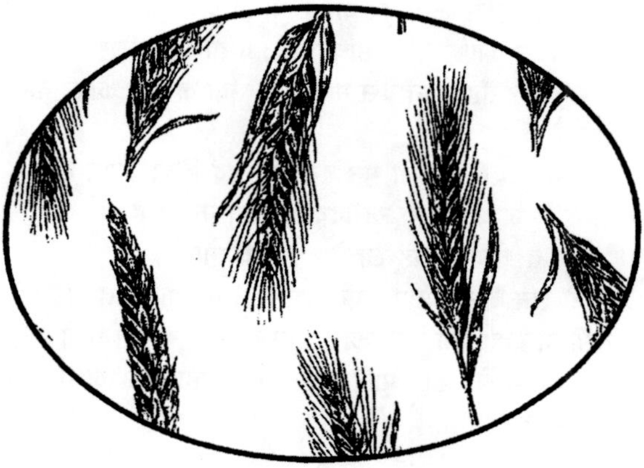

दृश्य – चौबीस

स्थान – दिल्ली (इंडिया गेट)

(दिल्ली के दृश्य, उहाँ बंसी हा इंटर बी देवाये बर रिहिसे अउ कुहुक हा भाषण प्रतियोगिता म दिल्ली गे रिहिसे। दुनो झन के मुलाकात इण्डिया गेट म हो जथे।)

बंसी – अरे कुहुक।

कुहुक – अरे तैं बंसी।

बंसी – तैं कइसे ?

कुहुक – मैं भाषण प्रतियोगिता म आये रेहेंव। मोर प्रतियोगिता तो होगे। **'इण्डिया गेट'** घुमे बर आये रेहेंव अउ तैं कइसे ?

बंसी – मैं बिदेश जाय बर नौकरी खातिर इन्टर बी देवाये बर आए रेहेंव।

कुहुक – होगे त ?

बंसी – होगे न मोरो 'इन्टर बी' हा। असल म संझा कन के गाड़ी हे तिही पाय के मैं इण्डिया गेट घुमे बर आए हवं।

कुहुक – मोरो ट्रेन हा संझा कन हे। चलो अच्छा हे।

बंसी – ओ दिन रायपुर म जउन–जउन भाषण दे रेहेस ना ओह एकदम जोरदार रिहिसे। तैं जतना सुन्दर हस ना कुहुक ओकर ले जादा तोर बिचार सुन्दर हे।

कुहुक – ए तो मोर महतारी के संस्कार ए बंसी।

बंसी – फेर तैंह बिदेस जाय बर काबर नी सोंचत हस।

कुहुक – मैंह बिदेस जाए बर नइ सोंचत हवं। मैं तो अपने देस म रहि के सेवा करहूँ। फेर तैंह अपन देस म रहि के सेवा करे बर काबर नइ सोंचत हस ?

बंसी – नही कुहुक मैं तो पूरा मन बना डरे हवं बिदेस जाए के।

कुहुक – ले त मैं जाथौं, मोला खरीददारी घलो करना हे।

बंसी – अच्छा त चलथँव महूँ ला बेग पेक करना हे।

(दुनो झन चल देथे फेर एक दुसर के बारे म गुनत रहिथे।)

कुहुक – बंसी हा बहुत स्मार्ट लड़का हे अउ मोला खुबसुरत घलो हे कहिथे। मोर भाषण ले बड़ा प्रभावित घलो हे। ओहा तो आज मोर हिरदे म बस गे हे।

बंसी – कुहुक हा मोला स्मार्ट केहे हे। अइसे लागथे मोला पसंद कर डरे

हे। अउ रूप ले, विचार ले बिक्कट सुन्दर घलो हे। कुहुक हा तो आज मोर आँखिच–आँखी म झूलत हे।

(दुनो झन सपना देखे ला धर लेथे हरि ठाकुर के लिखे गीत के संग दुनो भावाभिनय करथे।)

गोंदा फुलगे मोर राजा

गोंदा फुलगे मोर राजा
गोंदा फुलगे मोर बैरी
छाती म लागय बान
गोंदा फुलगे.......
ठाढ़े हे बैरी टरत नइहे
मोर आँखी के तिसना मरत नइये
गोंदा फुलगे.....

पूनम के चन्दा लजा के मर जाय
तोर रूप आज रतिहा गजब गदराय
गोंदा फुलगे.....

सुआ नहिं बोले, न बोले मैना
मैं तरस गेंव सुने बर तोरेच बैना
गोंदा फुलगे....

मेला में गेयेंव बिसायेंव नरियर
तरि चुरथे करेजा उपर हरियर
गोंदा फुलगे......

दृश्य – पच्चीस

दृश्य – पंचायत भवन, समय – संझा

(ग्राम पंचायत भवन म पंच सरपंच मन के बइठका चलत हे। गांव के विकास सम्बन्धी गोठबात होवत हे।)

सुकुवा – हमला धियान रखना हे की सरकार के सबो योजना के लाभ ला घरो–घर पहुंचाना हे। **सार्वजनिक वितरण प्रणाली** के माध्यम ले सब ला बराबर चाउँर मिलत हे ते नही। वृद्धा पेंशन समे म मिलत हे ते नही। सुन सचिव अब एती तोर ढिला ढाला काम चलने वाला नइहे। रोज तोला पंचायत म हाजरी लगाए बर परही। अउ गांव के विकास सम्बन्धी कार्यवाही के मोला प्रोग्रेस रिपोट चाही। समझे न। जउन किसम ले सार्वजनिक वितरण प्रणाली हा पूरा देश बर माडल बने हे ओइसने सबो योजना हा हमर देश बर प्रेरणा श्रोत बने। अइसे भीड़ के काम करना हे समझे।

पंचायत सचिव – जी हव।

केकती – अई ! पाँचो, कइसे तोर मुहूँ हा उसवाये–उसवाये कस दिखत हे ?

पाँचो – काला गोठियाबे य, देख न, आज तरिया म नहा परे हवं तिही पाये के डोमटा–डोमटा हो गे हे।

केकती – हव य, पहिली तो नी होवत रिहिसे।

मंगलीन – वाह कइसे नइ होवत रिहिसे। पहिली नहावन त खजरी होवय तेह फेर जुन्ना सरपंच हा कहाँ सुनत रिहिसे।

सुकुवा – अई हव य। खजरी एकर सेती होवथे के गांव के तरिया हा गंदा हो गे हे अउ कुथवा म पट्टा गे हे सबले पहिली तरिया सफाई करना जरूरी हे। जब **प्रधान मंत्री हा गंगा सफाई बर योजना** बना सकथे त का हम्मन तरिया सफाई योजना नी बना सकन ?

मंगलीन – त पइसा कहाँ ले आही ? तरिया बर सरकार ह दिही का ?

सुकुवा – का सबो बर सरकार के मुहूँ ला ताकहू। अरे भई का हम्मन तरिया के सफाई बर खुद बेवस्था नइ कर सकन ?

केकती – त कइसे सफाई करबोन ?

सुकुवा – कल से घरो–घर ले एकक झन आदमी निकालही अउ पूरा बस्ती मिल के तरिया के सफाई करिंगे। सझेव। संगे–संग अब गांव म गाय गौरी गंगा अउ माता पिता के सेवा बर घलो अलख जगइगें।

गांव म सड़क के तीरे तीर वृक्षारोपण करिगें। अउ एक एक पेड़ के जिम्मेदारी गांव के एक–एक आदमी लिही। अब हमला टीम भावना से काम करे बर परही।

मंगलीन – बने काहत हे सरपंच हा।

सुकुवा – आज कोतवाल ला बला के हांका पारे बर चेता दव।
(ओतने बेर गौतरिहा हा अपन बेटी ला गोदी म उचा के घबराए–घबराए दउड़त–दउड़त पंचायत भवन म प्रवेश करथे। संग म पुरूष अउ माईलोगन मन घलो हे।)

गौतरिहा – मोर बेटी ला काय चाब दिस, काय चाब दिस। बचाव, बचाव, बचाव.

सदाराम – का होगे ?

गौतरिहा – अपन महतारी संग तरिया डाहर बाहिर बट्टा गे रिहिसे। उहें नोनी ला काय चाब देहे। बेहोश हो गे हे।

परसू – (नोनी के पाँव ला देख के) एला तो जहरिला सांप चाबे हे। एला बइगा करा जहर उतरवाए बर परही।

सुकुवा – बइगा–वइगा के चक्कर म झन परौ, एला सीधा जिला अस्पताल लेगथन। बुधारू **108 ला** फोन तो कर।

परागा – सुनत हस सोहागा ?

सोहागा – काला वो ?

परागा – अउ काला कहिबे ? 108 ला कहिथँव।

सोहागा – का होगे 108 ला।

परागा – 108 के मरम ला नइ जानत हस तइसे। नवा–नवा उद्गरे रिहिसे ना 108 हा एके फोन म पहुंच जय। अब तो देखते रहि जबे। फेर फोन ला घलो उठाबे नी करै।

सोहागा – ठउंका काहत हस रे बइरी। वो दरी 108 ला देखते–देखत केकती के डिलवरी हा घरे म निपअ गे फेर 108 के डिल्वरी नी होइस।

परागा – अइसे लागथे अब तो 108 के डिलवरी हा चुनाव बखत होही य।
(सुकुवा हा इंकर किटिर–काटर ला सुन के घुस्सा होके कथे।)

सुकुवा – का होगे ?

सोहागा – नोनी के परान ला बचाना ह त तुरते चलौ, धर के बइद करा लेगौ। 108 के चक्कर म लइका ला मार डरहू का ?
(ओतके बेर 108 हा उई–उई करत आथे अउ नोनी ला अस्पताल लेग जथे।)

सुकुवा – **देखे 108 हा समे म आ के नोनी ला अस्पताल लेगे ना। एकाद झन अधिकारी करमचारी मन के सेती पूरा सरकारी अमला बदनाम होथे।** अउ सुनत हौं

सोहागा – काला

सुकुवा – अभी नोनी ला सॉप हा नइ चाबे रहितिस ?

परागा – वो कइसे ?

सुकुवा – घर म **शौचालय** रहितिस ते।

परागा – त हम्मन गरीब आदमी, शौचालय बनाए बर खरचा कहाँ ले कर पाबोन ?

सुकुवा – भारत सरकार हा घरो–घर **शौचालय निर्माण बर स्वच्छ भारत मिशन** के तहत बारा हजार रूपिया देवत हे। अब घरो–घर शौचालय निर्माण हो जाना चाही।

परागा – बने काहत हे सुकुवा हा वो।

सोहागा – हम तो बाहिर म बइठन तभे पेट हा खलखल ले सफ्फा होथे।

सुकुवा – घरो म घलो पेट हा खलखल ले साफ होही। अब तिंही बता हमर बहू बेटी के खुल्ला म शौच करना बने बात ए का ?

सोहागा – नही दीदी।

सुकुवा – सुनौ, खुल्ला म शौच करे ले आनी बानी के रोग राई घलो फैलथे। अब तुहीं मन बतावौ का तुमन सांप चबवाना चाहत हौ, का तुमन बिच्छी मरवाना चाहत हौ। का तुमन अपन बहू बेटी ला खुल्ला म शौच करवाना चाहत हौ ? का तुमन गांव म महामारी फैलाना चाहत हौ।

समवेत – (स्वर म) नही, नही, नही।

सुकुवा – अब एती कोनो हा खुल्ला म शौच करही ओला डाढ़े जाही। हमर गांव ला गंदगी मुक्त बनाना हे। हमर गांव ला कचरा मुक्त बनाना हे। स्वच्छ भारत मिशन के तहत काम करके, गांव म चहूँमुखी विकास करके गांव ला **निरमल ग्राम बनाना हे।**

दृश्य – छब्बीस

समय – संझा, स्थान – सुकुवा के घर

(सुकुवा घर सुवा नचइया माईलोगन मन आथे। सुवा गीद गा के नृत्य करथे। सुवा नचइया मन असीस दिही ताहन सुकुवा हा उमन ला सेर चाउँर रूपिया पइसा दिही।)

सुवा गीत

गीतकार डॉ. माधन प्रसाद गुप्त के लिखे सुवा गीत

महाकौशल कथे छत्तीसगढ़ ला रे सुवना......

तरी हरी नाहा ना री नहा ना री नाना
रे सुवना, तरी हरी नहा नरी नाना.....

कहाँ बइठे, कहवाँ ले आथे
रे सुवना, कहवाँ हरे तोर देस
डोंगरी ले उड़िके, खोंधरा में आथे
रे सुवना, तौने हवय तोर देस......

तीरथ में भेलाई अउ कोरबा बने हे
रे सुवना, महाकौशल कथे छत्तीसगढ़ ला
जम्मो बड़े धाम ह एमा समाये
रे सुवना, झनि जाबे तैं परदेस......

कोरबा ले उपजे कारी–कारी सोनबा
रे सुवना, बइलाडीला लोहा के देस
तुरतुरिया नहाये, मल्हारे में बइठे
रे सुवना, सिरपुर बमलाई के देस......

दन्तेवाड़ा, भोरम हवय हमर देवी देवता
रे सुवना, 'धाने कटोरा' के देस
गांधी अउ नेहरू के जागे हे सपना
रे सुवना, भरे पूरे हवै हमर देस

दाना अउ पानी मस्त भरे हे रे सुवना
के कभू झन जाबे परदेस.......

असीस गीत

सुवा नृत्य के आखिरी म असीस गीत गाये के परम्परा हे। जिकर घर जोहारे बर जाथे उमन सुवा नृत्य के अंत म उपहार देथे। सुकुवा घलो इमन ला सुपा म उपहार दिस ताहन सुवा नृत्य दल हा उमन ला सुवा शान्ति अउ समृद्धि खातिर असीस दिन–

रे सुवना, जीबे जुग लाख बरीस

जइसे के माता लिहेकं दिहें
रे सुवना, तइसे तँय तइले असीस....
धने दोगानी तोर घर भरही
रे सुवना, जीबे जुग लाख बरीस.......
सुवा नाचे ला आयेन हम्मन
रे सुवना, खायेन पान सुपारी.......
रंग महल म बइठन तुमन
रे सुवाना, राम रमउवा लेव हमारी......

दृश्य – सत्ताइस

समय – दिन, स्थान – फक्तू के घर

(फक्तू हा दारू पीए बर पइसा मांगत हे। पइसा नइ दे ताहन लड़ई झगरा करत हे अउ बात ला नइ माने ताहन कुटकुट ले छरत हे।)

फक्तू – (नसा हालत म) तैं मोला पइसा दे।

भागा – मैं कहाँ ले पइसा दवँ ?

फक्तू – (नसा के हालत म) मैं नइ जानत हवँ, तैं चुकिया म पइसा सकेल के राखे हस तेला। मोला पइसा चाही मने चाही, दारू पीए बर।

भागा – मैं अभी चुकिया ला नइ फोरवँ। देवारी लकठा गे हे। घर के पोताई करना हे। लइका मन बर कपड़ा लत्था लेना हे। रोटी–पीठा के जोरा करना हे। लइका मन बर फटाका बिसाना हे। एसो बनी के पइसा ला देवारी के बाद धान बेचाही ताहन दुहूँ केहे हे दाऊ हा। मैं चुकिया के पइसा ला नइ देवँ।

तैं रात दिन दारू पी के घर में खुसरे रहिथस अउ मैं बनी भूति करके लइका मन के मुहूँ म चारा डारत हवँ। तैं घर म दारू ला भकर–भकर पी के माईलोगन मन कस घर म खुसरे रहिथस। अउ गोल्लर बरोबर किंजर–किंजर के खाथस। अपन लोग लइका के थोरको चिन्ता फिकर हे ते नही ?

फक्तू – मोला माईलोगन कहिथस। मैं तोला बिहा के लाने हवँ ते तैं मोला बिहा के लाने हस ? ए हा मोर घर ए ते तोर ददा के घर ए। एहा मोर ददा के घर ए समझे।

भागा – तभे तो खेतखार ला बेच देस, कोठार ला बेंच देस, घर दुवार ला बरो देस। सब बोतल के पुरतीन होगें ए दे एके ठन कुरिया भर बाँचे हे। यहू ला मैंहा बचा के राखे हवँ। अइसे लागथे कोनो दिन हमु मन ला बेंच देबे। मार हमला दिन रात कुचरत हस। हिम्मत हे त कमा के पोंस, बड़ा बाप बने फिरत हस।

फक्तू – मुंहजोरी करथस रे, का करथस ? का लानत हस ? अउ कइसे लानत हस तेला मैं नी जानत हौं। खुसरे रहिथस दाऊ घर तेला (दनादन भागा ला फक्तू हा ठड़ा देथे।)

भागा – (रोवत रोवत) मोला दाऊ घर खुसरे रहिथस कहिथे दाई वो ए हें हे........। मोर चरित्तर उपर भरम करथे दाई ए हें हे....। तैंह दारू ला पी के घर में खुसरे रहिथस अउ मोला दाऊ घर खुसरे रहिथस

कहिथस। **नशा नास के जड़ आय।** नसा ह तोला नास कर डरे हे। अब अपन धन अउ तन के संग मन ला घलो नास कर डरे हस। मोर चरित्तर उपर भरमे ला धर ले हस। अई नारी बर तो पति परमेश्वर होथे, दरूहा होवय, सटोरिया होवय चाहे कोढ़िहा।

फक्तू – अच्छा ता जब तैं मोला परमेश्वर मानथस ता चुकिया के पइसा ला अपन परमेश्वर उपर चघा।

(फक्तू अउ भागा के झगरा ला सुन के दु चार झन परोसी मन सेकला जथे।)

परोसी – अहा का होवथे ? फक्तू हा भागा ला कुटकुट ले दंदोरत हे। जा तो सरपंच दीदी ला बला के लानबे रामदयाल।

रामदयाल – हव।

(हव कहिके रामदयाल हा चल देथे।)

दृश्य – अट्ठाइस

समय – दिन, स्थान – पंचायत भवन

(सुकुवा हा पंचायत भवन म गांव के विकास सम्बन्धी चरचा पंच मन सन करत हे।)

सुकुवा – एसो बहुत खुशी के बात ए के **छत्तीसगढ़ शासन हा भात प्रतिशत विद्युतीकरण राज्य बनाए बर "प्रधान मंत्री सहज बिजली हर घर–सौभाग्य योजना"** के तहत हमरो गांव हा देवरी के दिया करू रिगबिग–रिगबिग करत हे। एसो देवारी तिहार के संगे–संग बड़ा धूम धाम ले **बिजली तिहार घलो मनाबोन।** (ओतके बेर रामदयाल हा पहुँचथे।)

रामदयाल – सरपंच दीदी, सरपंच दीदी, फक्तू हा अपन गोसइन ला दारू पी के नंगत ठठावत हे। हम्मन ओकर सन कोनो नइ सकन सरपंच दीदी। तिंही जाबे तभे फक्तू हा डर्राही। सुकुवा– 'चलौ' (कहिके सब झन चल देथे।) (फक्तू अउ भागा लड़त–झगडरत हे। फक्तू हा भागा ला दोंगरत हे। लइका मन ला मारत पीटत हे। सुकुवा के संग म पंच मन घलो धकर लकर फक्तू धर पहुचथे। फक्तू हा भागा ला पीटत रथे। ओला छोड़वाथे।)

सुकुवा – (फक्तू ला) पुलिस ला फोन करौं फक्तू। जब पुलिस के डंडा परही त जानबे। बिचारी भागा हा अतेक साल ले सहत–सहत खुदे बनी–भूति करके तोर घर ला सम्हाल के राखे हे तेला तै देवी कस नारी ला मारत हस। एक केस करही महिला उत्पीड़न बर ते जीनगी भर जेल म सरबे, त कहाँ ले पीबे। कर तो मंगल पुलिस ला फोन।

भागा – नही सरपंच दाई, ए तो हमर रोज के किटीर–काटर ए। अभी लड़त हन ताहन रात पहाए नइ रही फेर मिल जबोन। नारी बर तो पति परमेश्वार होथे।

सुकुवा – का दरूवाहा, गंजहा, सटोरिया, कोड़िहा कस पति मन परमेश्वर होही। परमेश्वर बने बर मर्यादा पुरूषोत्तम राम बने बर परही। जऊन अपन धरम ला निभाय। अउ सुन तुंहरे असन नारी मन के सेती अइसन मरद मन के पावर बाढ़त हे। अब तो सरकार हा घलो तुंहर असन पीड़ित नारी मन के मन ला सुधारे के दिन आ गे हे। नशा–मुक्ति बर तुमन आघु नइ आहू अउ अपन पति परमेश्वर के अतलंग ला सहत रहू त तोर घर का जम्मो छत्तीसगढ़ के दरूवाहा

मन दारू ला नइ छोड़ै।

फक्तू – नही सरपंच दीदी। पुलिस ला सुन के मोर सबो नशा उतरगे। तोर किरिया खावत हवँ, अब ले मैं दारू ला पींयव ना न पींयन दौं। (सुकुवा ला बिनती करत) सरपंच दाई बस आजे बर एक पउव्वा बर रूपिया दे दे ताहन काली ले नइ पीयवं।

सुकुवा – (माईलोगन मन ला कथे) देव तो एला पउव्वा बर रूपिया कइसन होथे।

(माईलोगन मन ला आवत देख के।)

फक्तू – (डर्रा के) नही, दाई ! मैं तो अइसने मजाक करत रेहेंव गउकीन आज ले मैं दारू नइ पीयवं।

सुकुवा – आज ले मैं सबो महिला मन ला **महिला कमाण्डो** के रूप म नियुक्त करत हौं। पहिली तो समझाना हे अउ नइ समझही त ओकर सुनना नइहें बस कहूँ पीये या पीयत दिखिस ते ओला घर पकड़ के पुलिस के हवाला करना हे। अब चलौ हंजी खुशी सब झन देवारी तिहार मनाय के तइयारी करौ।

(सब झन अपन–अपन घर चल देथे।)

दृश्य – उन्तीस

सुरहोती के पहिली कहूं–कहूं सात दिन नही ते कहूं–कहूं पांच दिन नही ते तीन दिन तक गौरा–गौरी जगाए के विधान होथे। पहिली दिन गौरा–चौरा म जउन गांव के बीचो–बीच स्थायी रूप से रथे। उहाँ 'फूल कुचरनी' के परंपरा ला निभाथे। इही ला गौरा–गौरी जगई धलो कहिथन। ए प्रक्रिया न सुकुवा के गांव म घलो गौरा चौरा के नीचे गड्डा खोद के सात प्रकार के फूल, सिक्का अउ कुकरी के अण्डा डालथे। इही ला फूल कुचरनी' कहिथन। गड्डा ला बोइर कांटा ले तोप देथे। एकर बाद गोड़ मन गौरा–गौरी के अराधना करथे।

गौरा जागे मोर गौरी जागे, जागे सहर के लोग
बाजा बाजे मोर ईसर
जागे गवइया, जागे गवइया लोग
बइगा जागे, बैगिन जागे, जागे सहर के लोग

एकर बाद चाउँर अउ फूल सात छांव चघाथे अउ गाथे
एक पतरी रैनी मैनी राय रतन, ओ दुर्गा देवी
तोरे भीतल छांव, चौकी चंदन ओ पीढुली,
गौरी के होथे मान जइसे, गौरी ओ मान तुम्हारे
कइसे करवँ जइसे कोरवा असन
डोंहड़ी परवा छछल गये डार

चाउँर चघाए के बाद गांव के देवी देवता मन के अराधना करथे–

जोहरि, जोहरि मोर ठाकुर देवता
सेंवरि लागौं तोर
जोहरि जोहरि मोर ठाकुर देवता
सेवरी लागौं तोर
ठाकुर देवता के माढिला छवायेंव
झूले वो परेवना के हंसा
हंसा चरिथय मोर मूंगा मोती
फूले चना कई डार.......

स्तुति करे बाद चाउँर चघाथे। सुरहोती के दिन (अमावश्या रात) म गौरा–गौरी बिहाव सम्पन्न होथे। गांव के लडकी मन गांव के प्रमुख घर करसा परघावत सुकुवा घर घलो करसा परघा के गौरा चौरा करा सम्मान पूर्वक लाथे। ए बखत गीद गवइया गीद गाथे।

उइव–उठव बहिनी, मोर अंगना बटोरव
ओ अंगना बटोरव
साते संगी आये हावे वो बहिनी
साते संगी आये हावे
ले बर ओ बहिनी।
करसा सिंगारौ बहिनी रिगबिग–रिगबिग
सिगबिग ओ रिगबिग सिगबिग
बहिनी सिंगारों दीदी गोमची बरन के
करसा सिंगारत दीदी
एक दिन लगथे ओ एक दिन लगथे
बहिनी सिंगारत दीदी महिना दिन लगथे।
करसा.......
भाई के बहिनी कलश बोही जावत हे
बिना भाई के बहिनी धरड़–धरड़ रोवत हे।
भाई के बहिनी हंसत–हंसत जावत हे
बिना भाई के बहिनी रोवत–रोवत जावत हे
काकर करसा ओ रिगबिग–ओ सिगबिग
काकर करसा ओ रिगबिग–सिगबिग ओ
काकर बइला सिंघासन रे भइया
गौरी के करसा रिगबिग–सिगबिग
ईसर के बइला सिंघासन रे भइया।

करसा स्वागत के बाद बाजा गाजा के साथ ईसर–गौरी **गौरा चौरा** (पूजा स्थल) म पहुँचथे। विधि विधान ले गौरी–गौरा के बिहान होथे। बिहाव सम्पन्न होय के बाद पूरा गांव भर उत्साह मनावत गौरी–गौरा के विसर्जन बर नदिया जाथे।

धीरे–धीरे रेंगबे गौरी ओ, गोंटी गड़ि जाही
गोंटी गड़ि जाही गौरी ओ, खड़ा होइ जइबे
जाय बर जाबे गौरी ओ, फूल टोरी लाबे
फूलवा के टोरत गौरी ओ, कनिहा पिराही
कनिहा पिराही गौरी ओ, खड़ा होई जाबे
जाय बर जाबे गौरी ओ देइदे असीसे
चूरी अम्मर रहय गौरी ओ, जियो लाख बरिसे
सुतव गौरी मोर सुतव गौरा हो, सुतव सहर कई लोग
सुतव गवईया मोर सुतव बजइया सुतव सहर कई लोग

गौरा गौरी विसर्जन के बाद सब देवारी तिहार के तइयारी म भीड़ जथे संझा कन ठाकुर देव म गोवर्धन खुंदाए के कार्यक्रम होथे। जेमा गांव भर के लोगन ला राउत मन परघा के लानथे। मड़ई बैरग ला घलो परघा के लानथे। राउत मन ए दिन अपन मालिक मन घर गोधन ला सोहई घलो बांधथे। ठाकुर देव मा भगवान कृष्णा ला भजत दोहा पारथे–

आन ठाकुर ला काला कहौं, दिखै लकड़ी के पीड़हा।
ठाकुर कहौं कन्हैया ला, दिखै सोन के ढीड़हा।।

देवारी के दि मातर होथे। यदुवंशी मन खेड़हर देवता म विधि–विधान ले पूजा करथें। धोती सोहई नोई खोड़हर म चढ़ाथे। खोड़हर पूजा के बखत बड़ा जोश म लखन गहिरा दोहा पारिस–

बाघ–बाघ केहेव भइया
बाघ कहाँ ले आइस।
बाघ ढिलागे खोड़हर देव के
जंगल भर थर्राइस।।

अइसे ढ़ग ले बड़ा धूम धाम ले सुरहोती, देवारी अउ मातर तिहार सम्पन्न होथे।

दृश्य – तीस

स्थान – घर,   समय – दिन

(घर बिरझा हा धान के फाता बनावत बइठे हे अउ थूकेल हा धान के भारा बांधे बर पैरा डोरी बरत हे।)

बिरझा – (थूकेल ला) भइगे पैरा डोरी ला बरत भर रहिबे ते कुछु अउ गुनबे।

थूकेल – तोर राहत ले मोला गुने के का जरूरत हे ? अरे भई बघनीन के आघु म हाथी कस मुड़ी ला हलावत राह तभे सुखी रहिबे।

बिरझा – मुड़ी हलाव भर ले काम नी चलै।

थूकेल – का होगे ? बने फोर के बता।

बिरझा – कुहुक हा बिहाव के लइक होगे हे। बर–बिहाव बर कुछु गुनथस ते भइगें

थूकेल – एदे जेठउनी ला कालिच्च माने हन। अब सगा उतरे के सुरू हो जही।

(ओतके बेर पहाती पहुँचथे)

पहाती – का होगे बाबू जी ?

थूकेल – तो दाई काहत हे कुहुक बर बने सरिख रिश्ता आतिस ते एसो ओकर हाँथ ला पिंवरा फर देतेन कहिथे।

(ओतने बेर सुकुवा के प्रवेश)

सुकुवा – लेना दाई, शीतला भइया हा हमर इच्छा ला जरूर पूरा करही। बेटी बर बढ़िया रिश्ता आही ताहन जोत जलाहूँ कहिके बदना बदे हवँ।

बिरझा – बने करे हस बेटी बने करे हस।

दृश्य – इकतीस
(पुरखोती मुक्तागेन के प्रवेश द्वार)

(कुहुक हा महामहिम राष्ट्रपति डॉ. ए.पी.जे. अब्दुल कलाम के विचार ला पढ़त रीहिसे।)

बंसी – कुहुक

कुहुक – अरे तैं, बंसी

बंसी – हव, फेर तैं का पढ़त हस।

कुहुक – 7 नवम्बर 2006 के 'पुरखैती मुक्तागेन' के उद्घाटन अवसर म महामहिम राष्ट्रपति डॉ. ए.पी.जे. अब्दुल कलाम के कथन ला पढ़त हौ तहूँ पढ़ कतेक सुध्धर विचार व्यक्त करे हे–

छत्तीसगढ़ के जनगण के गौरव की जय हो
घुमा हूँ घने वनो के बीच यहाँ मैं जब–जब
भारत भूमि के अन्तमन में आकर
जैसे एक सुहाना सपना पल भर में साकार हो उठे
फुलकित हुआ मेरा न सुन्दरता से अप्रतिम
चित्रकोट झरने की धून पर जैसे
कुसुमित हुआ मेरा मन मित्रो
स्थापना दिवस के इस गौरव पर

महामहिम राश्ट्रपति
डॉ. ए.पी.जे. अब्दुल कमाल
7 नवम्बर 2006

बंसी – अतेक बड़ महापुरूष हा छत्तीसगढ़ के 'जनगण' के जय केहे हे।

कुहुक – चल पुरखौती मुकतागेन घुमथन। सुने हवँ पुरखौती मुक्तागेन म छत्तीसगढ़ के दरसन होथे कथे।

बंसी – अच्छा त चल।

(दुनो झन आगु बढ़थे।)

दुनो झन 'पुरखौती मुकतागेन' म छत्तीसगढ़ के चित्रकला, मूर्तिकला, शिल्प कला अउ नृत्य कला ला देखत आगु डाहर बढ़त रथे।

कुहुक – देख तो देख

बंसी – काला

कुहुक – ए महान विभूति मन के मूर्ति मन ला ?

बंसी – तै चिन्ह डरबे इमन ला ?

कुहुक – हव

बंसी – बता तो जिंकर मूर्ति बने हे उमन कोन कोन आय ?

कुहुक – शहीद वीर नारायण सिंह, मीनी माता, पं. सुन्दर लाल शर्मा, माधव राव सप्रे, बैरिस्टर छेदीलाल, पं. रविशंकर शुक्ल, ठाकुर प्यारेलाल अउ खूब चंद बघेल के आय।

बंसी – तै तो सबो विभूति मन ला चिन्ह डरे।

कुहुक – त का अइसने समझे हस।

बंसी – अच्छा बता पुरखौती मुकतागंन म अउ का का देखे के लइक हे।

कुहुक – छत्तीसगढ़ चौक के छत्तीस चकाचौंथ रंगीन खम्भा, आमचो गांव, शल्फी ग्राम, जल प्रपात जलीय मंच, छत्तीसगढ़ के पारंपरिक आभूषण, करमा वृक्ष, ढोलक शिल्प, गुलाब गार्डन, सरगुजा के पारंपरिक रजवार गृह अउ छत्तीसगढ़ म अलग–अलग क्षेत्र म करइया अलग–अलग नृत्य जइसे पंथी नृत्य, माड़िया नृत्य, शैला नृत्य, सुवा नृत्य, राऊत नृत्य, बैगा नृत्य, अउ गेड़ी नृत्य के बनाए कला कृति हा देखे के लइक हे।

बंसी – **''पुरखौती मुकतागंन''** तो छत्तीसगढ़ के गौरव ला बढ़ाय हे।

कुहुक – भइगे हुंकारू भर देवत रहिबे ते तहूँ छत्तीसगढ़ के बारे म। छत्तीसगढ़ के गौरव ला अउ कोन कोन बढ़ाए हे।

बंसी – बतावँ।

कुहुक – बता न।

बंसी – अरे भई तहूँ तो दिल्ली म आयोजित **'ग्रामीण विकास'** के उपर भाषण प्रतियोगिता म प्रथम आ के छत्तीसगढ़ के नाव ला रोशन करे हस।

कुहुक – अभी तो बहुत कुछ करना हे बंसी।

बंसी – (थोकिन मयारू होवत) भइगे भाषण भर म भुलाये रहिबे ते शादी बर बिहाव के बारे म सोंचबे घलो अरे हाँ मैं तो भुलाव रेहेंव।

कुहुक – काला

बंसी – तोला बधाई दे बर

कुहुक – का के ?

बंसी – आज तो अखबार के पहिली पेज म तोर फोटू छापे हे। छत्तीसगढ़ शासन के चिकित्सा विभाग म तोर सरकारी नौकरी बर नियुक्ति हो गे हे।

कुहुक – हाँ, धन्यचाद ! फेर

बंसी – त बिहाव के बारे म का सोंचत हस ?

कुहुक – बर बिहाव के बारे म तो मोर महतारी–बाप, डोकरी दाई अउ बबा निरनय लिही काबर उमन बड़ महिनत कंर के मोला डाक्टरी पढ़ाये हे। मैं उकर विचार के खिलाफ नइ जा सकौ।

बंसी – अइसे का, कुहुक।

कुहुक – का ?

बंसी – मैं तोला एक ठन बात करना चाहत हवं नाराज तो नइ होबे ना ?

कुहुक – नइ होंववँ, बोल ना।

बंसी – तै मोर मन ला जीत ले हस कुहुक, मैं तोर सन बिहाव करना चाहत हवँ।

कुहुक – महूँ तो तोर बंसी के सूर मा मोहा गे हवँ। अब तो तैं मोर आँखिच्च आँखी म झूलत रहिथस। फेर बिहाव बर एक ठन अड़चन हे।

बंसी – कइसन अड़चन ?

कुहुक – तैंह बिदेस नौकरी करना चाहत हस अउ मैं हमर देस म रहिके सेवा करना चाहत हवँ। अउ सुन

बंसी – का ?

कुहुक – अउ तोला बिहाव बर बात करना हे त मोर परिवार म आ के तोला बात करे बर परही।

बंसी – अच्छा, त मैं अपन पिता जी ला धर के तुंहर गाँव तोर हाथ माँगे बर आहूँ। अच्छा कुहुक अब जाबे ते इहें रहिबे।

कुहुक – अभी मैं मोर महतारी ला अगोरत हवँ।

बंसी – उमन 'पुरखौती मुकतागंन' आवत हे का ?

कुहुक – हव, छत्तीसगढ़ सरकार के **'हमर छत्तीसगढ़' योजना** के तहत दुरूग ब्लाक के पंच सरपंच मन राजधानी रायपुर भ्रमण करे बर आये हें। अभी ओमन 'नया रायपुर, मंत्रालय, जंगल सफारी, विधान सभा भवन, गुरूघासी दास संग्राहलय ला घूमत पुरखौती मुक्तागंन पहुंचही। इहें सांस्कृतिक कार्यक्रम ला देखे के बाद लहूटही' महूँ हा उंकरे मन सन गाँव जाहूँ।

बंसी – अच्छा। त महूँ जाथौ।

(बंसी कुहुक ला टा–टा करत चल देथे।)
(फागुन मस्त महीना। आमा मउरे। बसंत ऋतु माते। संग म सब के चेहरा म होरी तिहार के उछाह हा टेसू के फूल कस खिलत हे।)

होरी तिहार के दिन गांव के बीच म एक डाहर डँडा नचइया मन लचक लचक के गाना गा गा गे नाचत हे–

तना रिना मोर ना नारि रे भाई
ते ना ना मोरी ना नारी जो.......
जोहर–जोटर ठाकुर देवता
पइयन टेको तोरे जो.......

लइका सियान मन सब रंग गुलाल म मस्त हे। नगाड़ा बजइया मन गुलाल म बोथाये डॉहकी बजावत हे। गवइया मन हाथ लमा लमा के मगन हो के होरी गीद गावत हे–सुकुवा मन घलो गांव भर के मन सन होरी तिहार मनावत हे,

मन हर लियो रे, मन हर लियो रे
छोटे से स्याम कन्हैया
छोटे से रूखुवा कदम के
भुइँया लहसे डार
उपर म बइठे कन्हैया, कन्हैया
मुख मुरली बजाय
छोटे से स्याम कन्हैया......

दृश्य – तैर्तीस

स्थान – घर, समय – दिन

(सुकुवा अउ कुहुक के गोठ बात होथे।)

सुकुवा – (मिठाई के ड्ब्बा धरे) कइसे तैं उदास बइठे हस बेटी ? तोला तो खुश होना चाही की तोर छत्तीसगढ़ शासन म मेडिकल सेवा म नियुक्ति होगे हे। (मिठाई ला देवत) ए ले मिठाई ला खा।

कुहुक – काबर ?

सुकुवा – मोर पोस्टींग **'सुकमा'** म हो गे हे मम्मी।

सुकुवा – ए तो अउ बढ़िया बात ए। तोर बिचार हा गांव म रहिके ग्रामवासी मन के सेवा करना चाहत रेहे।

कुहुक – ता 'सुकमा' म जा के थोरे करना चाहत रेहेंव।

सुकुवा – काबर ?

कुहुक – सुकमा हा तो घोर **'नक्सलाइट'** बेल्ट ए।

सुकुवा – ओ तो अउ बढ़िया हे। सरकार घलो चाहत हे की नक्सलाइट मन घलो विकास के मुख्य धारा म जुड़ैं तैं उहें चिकित्सा सेवा के संगे संग समाज सेवा के घलो काम करबे। नक्सल प्रभावित क्षेत्र के जीवन स्तर ला उठाए के काम करबे। छत्तीसगढ़ शासन के तमाम योजना के लाभ देवा के उंकर जीवन स्तर म सुधार लानबें। नक्सलाइट बेल्ट म कोनो सरकारी सेवक जाना नइ चाहै। उहाँ तै जा के ज्ञान के अलख जगाबे। उहाँ बाल मजदूरी, नारी उत्पीड़न, आदिवासी मन क विकास, पर्यावरण, स्वास्थ्य, बेरोजगारी जइसे समस्या के निदान करके अपन जीनगी ला धन्य करबे। मोर तो माथ हा ऊंच होगे बेटी के मे एक अउ सुकवा (अंजोर/कुहुक) ला आदिवासी बेल्ट के विकास खातिर तइयार करेंव।

कुहुक – मोर आँखी ला खोल देस दाई। मैं 'सुकुवा' के बेटी 'सुकमा' म ही जा के अपन सेवा दुहूँ।

(ओतके बेर बंसी हा अपन पिता जी के संग आथे।)

सुकुवा – अभनपुर नगर पंचायत के अध्यक्ष दुलेश दाऊ आय हे। पानी दे कुहुक।

(कुहुक हा बंसी ला देख के मने मन खुश राहै। लोटा म पानी लान के दीस अउ टूप–टूप पाँव परिस।)

(तब तक पहाती, बिरझा अउ थूकेल घलो आ जथे।)

सुकुवा – अउ कइसे चलत हे तइयारी हा। अवइया बच्छर चुनाव होवइया हे। मैं तो सुने हवं आप ला राजिम विधान सभा क्षेत्र ले टिकिट मिलइया हे कहिके।

दुलेश – बात तो चलत हे। हाई कमान ले। फेर टिकिट मिल जही त चुनाव लड़हूँ नही ते पार्टी के सिपाही के रूप म पार्टी के प्रत्याशी ला जितवाए बर काम करहूँ।

सुकुवा – ए तो बढ़िया बात ए दाऊ जी फेर ए दुरूग राज म आपके आना कइसे होइस ?

दुलेश – बस, एक ठन बूता ले के आए रेहेंव।

सुकुवा – बता ना, का बूता ए तेला दाऊ जी ?

दुलेश – मोर लड़का बंसी बर तोर नोनी कुहुक के हाथ मांगे बर आए हवं। वोइसे भी इमन एक दुसरा ला जानथे।

सुकुवा – त लड़का का करत हे ?

दुलेश – बंसी ह इलेक्ट्रानिक्स म इंजीनियरींग करे हे। ओर सलेक्शन विदेश जाए बर होगे हे। मैं चाहत हौं की मोर लड़का बर कुहुक ले बढ़िया बहू अउ कोनो नइ हो सके।

सुकुवा – वोतो सब ठीक हे दाऊ मोला थेकिन बंसी सन गोठियावन दव।

दुलेश – गोठियाव न।

सुकुवा – (बंसी ल पूछथे) कस बेटा तै बिदेश काबर जाना चाहत हस ?

बंसी – मैं उहाँ जा के जादा रूपिया कमाहूँ। बिदेश म पढ़े लिखे मन के जादा मूल्यांकन हे। उहाँ मैं अपन कैरियर ला बनाहूँ।

सुकुवा – अइसन म ए रिश्ता नइ हो सकै।

बंसी – काबर ?

सुकुवा – का 'रूपिया' देस ले बड़े हे ? तै विदेश म जा के अपन कैरियर बनाहूँ कथस। त इहाँ देस म लाखो बेरोजगार युवा मन के कैरियर ला कोन बनाही ?

बंसी – त कुहुक संग बिहाव करे बर मोला का करे बर परही ?

सुकुवा – तोला देस म रहिके कुहुक संग **'सुकमा'** जिला म जा के सरकार के **<u>'कौशल विकास'</u>** योजना के अन्तर्गत आदिवासी नौजवान मन ला रोजगार खातिर ट्रेनिंग दे के आत्मनिर्भर बनाए बर परही। उंकर व्यक्तित्व विकास बर तैं सुकमा म रही के अपन प्रतिमा के उपयोग करबे। तब कहूँ जा के मैं कुहुक के हाथ ला तोर संग देहूँ।

बंसी – त 'सुकमा' तो घोर नक्सलाइट क्षेत्र ए।

सुकुवा – का नक्सलाइट बेल्ट के मन ला जीये के अधिकार नइहे ? का विकास करे के अधिकार नइहे ? अउ फेर जब कुहुक हा 'सुकमा' जाए बर तइयार हे त बेटा जात हो के तैं डर्राथस का नोनी मन ले कमजोर हस।

बंसी – मैं कमजोर नइ हों दाई। दुनिया के चकाचौंध म मैं अपन देस, अपन भुइँया ला भूला गे रेहेंव। मैं सुकमा म जा के अपन सेवा दे बर तइयार हवं।

सुकुवा – छत्तीसगढ़ के पहिचान बस्तर, जगदलपुर, कोण्डागांव अउ सुकमा ले हे। बस्तर, जगदलपुर, कोण्डागांव अउ सुकमा के पहिचान आदिवासी मन ले हे। **जब आदिवासी मन विकास करही त हमर छत्तीसगढ़ विकास करहीं छत्तीसगढ़ विकास करही त हमर देस विकास करही।**

दुलेश – बने काहत हस जी, आज हमर देस ला आपे सरीख नेत्री के जरूरत हे। छत्तीसगढ़ के मान–सम्मान सवाभिमान अउ प्रतिष्ठा ला बढ़ाये बर अपन बेटी ला मजबूत कर के आदिवासी अंचल ला सशक्त करे बर पठोवत हसं त महूँ अपन बेटा बंसी ला सुकमा भेजे बर तइयार हवं।

सुकुवा – ए बात होइस न। अब ए रिश्ता ला पक्का समझव।

दुलेश – लेव भई हमुमन रिश्ता ला पक्का समझत हन।

(दुलेश हा कुहुक ला रूपिया धराये। कुहुक हा अपन दाई–ददा, बबा–डोकरी दाई, दुलेश अउ बंसी के पाँव परथे। बंसी घलो कुहुक ला छोड़ के सबके पाँव परथे।)

(सब झन खुश रहिथे।)

दृश्य – चौंतीस

स्थान – सुकुवा के घर, समय – दिन

(कुहुक के रिश्ता जुड़े ले सुकवा हा गुनत गुनत उदास हे। कुहुक के बिहाव होही ताहन हमर ले दुरिहा जही। सुकुवा आखिर महतारी ए बेटी के बिदा होय के दृश्य ला गुन के दुखी होना स्वाभाविक हे। पहाती अपन बेटी के घर बसे ले खुश तो हे फेर मने मन बेटी के बिदा ला गुन के दुखी घलो हे। सुकुवा उदास बइठे हे। सुसक सुसक क रोवत हे।)

पहाती – का होगे सुकुवा ? काबर रोवत हस ?

सुकुवा – कुछु नही जी। अक्ती अवइया हे ना, समे पता नइ चलिस, बेटी कब बाढ़गे अउ अक्ती के बाद देखते–देखत दुरिहा जही।

पहाती – (सुकुवा ला समझावत) सुकुवा, हमर बेटी ला तोर असन दाइ मिलिस। बड़ भागमानी हे, हमर कुहुक हा। ए तो जीवन के रीत आय ना। बेटी पराया धन होथे। तहूँ अपन मइके ले बिदा हो के आ के हमर घर ला सरग बनायेसं हमर बेटी ला तै बढ़िया शिक्षा अउ संस्कार दे के बड़े करे। कुहुक हा घलो जऊन घर जाही ओला सरग बनाही। अउ देख भगवान के किरपा। दमांद घलो हमला सोला आना मिलिस।

सुकुवा – हव जी, मैं शीतला दाई म मनौती माने रेहेंव, मोर बेटी क पढ़ई–लिखई बने होय के बाद बोकर बर बने–बने रिश्ता मिलही ताहन गांव के शीतला मइया मा जोत जलाहूँ कहिके बदना बदे रेहेंव।

पहाती – हव सुकुवा, एसो शीतला म धूम धाम ले जवारा ला मनाबोन। जय शीतला मइया।

दृश्य – पैंतीस
स्थान – शीतला , समय – दिन

(जंवारा विसर्जन के आकर्षक दृश्य। जेमा सुकुवा सबले पहिली जोत कलश ला बोहे हे। पाछु–पाछु अउ जोत कलश अउ टूकनी म जंवारा बोह के आगु बढ़त हे। बीच–बीच म मइया के असीस पाए बर गघरा म पानी लान के जोत कलम बोहइया के चरण म ढार के पलट के सुत जथे जेला पार कर–कर के आगु बढ़त हे पूरा गांव जंवारा विसर्जन के दरसन पाये बर सेकला हे सेउक मन ढ़ोल–मंजीरा के संग झूम–झूम के भक्ति भाव ले जंवारा विसर्जन गीत गावथे।)

जंवारा विसर्जन गीत

सगरी नहाए बर हो तुम चलव महमाई
सगरी नहाए बर हो.......
कहवाँ ले आए सरसती माई
कहवाँ आए लक्ष्मी
कहवाँ ले आए दुर्गा भवानी
सगरी नहाए बर हो.......
बम्ह लोक ले सरसती दाई
बिष्णु लोक ले लक्ष्मी
शिव लोक ले दुर्गा भवानी
सगरी नहाए बर हो.......

जइसे–जइसे विसर्जन गीत के संग झांकी आगु बढ़थे ओइसने देवता चढ़इया मन के जोश बढ़थे। देवता चढ़इया मन ला हुम देवा के नारियर देथे ओकर बाद देवता चढ़इया हा नरियर/बाना धर के नाचत–नाचत आगु बढ़थे देवता चढ़थे ताहन उमन ला खेले बर एदे गीद ला सेउक मन गाथे।

तुम खेलव दुलरवा रन–बन रन–बन हो

तुम खेलव दुलरवा रन–बन रन–बन हो.....
का तोर लेथय रइयां बरम देव
का तोर ले गोरईया

का लेवय तोर बन क रक्सा
रन–बन रन–बन हो.......

नरियर लेथय रइयां बरम देव
बोकरा ले गोरईया
कुकरा लेवय बन के रक्सा
रन–बन रन–बन हो.......

काकर पूत हे रइयां बरम देव
काखर पूत गोरईया
काकर पूत हे बन क रक्सा
रन–बन रन–बन हो.......

बाम्हन पूत हे रइयां बरम देव
गहिरा पूत गोरईया
धोबी पूत हे बन के रक्सा
रन–बन रन–बन हो.......

(जंवारा विसर्जन के दृश्य समाप्त हो जथे।)

दृश्य – छत्तीस

स्थान – घर, समय – दिन

(थूकेल अउ पहाती नेवता बांटे के तइयारी करत हे। सुरता कर–कर के निमत्रंण कार्ड ला बांटे के तइयारी चलत हे।)

थूकेल – बेटा पहाती, कारड छप के आगे हे। कोनो ला भूलाबे झनं हमर नतनीन क बिहाव हे। कोनो छुटे झन।

पहाती – हव बाबू जी। सबो झन के नाव लिखा गे हे कारड म। बस हमर ससुरार के मन बाँचे हे। सुकुवा ला कहि दे हवँ। कोनो छूटे झन कहिके।

(तभे कुहुक हा अपन सहेली मन सन प्रवेश करथे।)

कुहुक – देखे य लता, माया, नीता हमर बाबू अउ बबा बर मैं एकेक–दिन अतेक गरू परत हवं।

पहाती – अइसे बात नोहे बेटी। बेटी कोनो बाप बर गरू होही। वो तो बाप के करेजा आय। मैं जानत हवं–बेटी ला बिदा करना करेजा के टुकड़ा ला बिदा करना ए। फेर धरम ला तो निभायेय ला परही।

कुहुक – (एक कनी हसी त एक कनी गम) बने चेत लगा के नेवता ला पठोहू आखिर तुंहर मयारू बेटी के बिहाव ए ना, कइसे बबा।

(सबो सहेली हांसत–हांसत चल देथे। कुहुक के गोठ ला सुन के थूकेल के आँखी डबडबा जथे।)

थूकेल – (गमछा म आंसु पोछत)– हमर कुहुक हा हमर घर म कोइली कस कुहकत रथे। तितली कस फूई–फूई उड़त रथे। ओकर हाँसी म हमर घर दुवार हा कुलकत रथे। पहाती, बेटी के दुर होय के पीरा बड़ जनाथे रे।

पहाती – हव ददा, आज महूँ महसूस ला महसूस होवत हे। बेटी के पराया होय के पीरा अभी तक ओकर हँसना, रोना, खेलना, खिसयाना, ओकर रिसाना अउ ओला मनाना सरी घर ला ओकर आदत परगे हे ददा। कुहुक हा चल दिही ताहन हमर घर हा सुन्ना हो जही ना ददा। (पहाती हा घलो गमछा म अपन आंसू ला पोछथे।)

थूकेल – ए तो रीत आय बेटा। बेटी मन मइके के सरबस मया ले दुरिहा के ससुरार ला संवारे बर साधना करथे। जिंहा जाथे बेटी हा ओ घर ला अपन महिनत, त्याग अउ तपस्यिा ला सरग बना देथे।

(तमे बिरझा अउ सुकुवा के प्रवेश होथे।)

बिरझा – अहा का मार कारड ला छरिया के बइठे हवं मोर मइके डाहर के नेवता हा लिखा गे हे की नही। अई...... मैं अपन मइके डाहर के मन ला कोनो ला नइ छोड़ौं– आखिर मोर एकलौती दुलौरिन नतनीन के बिहाव हे। सबो लरा जरा अउ हितु–पिरितु मन ला नेवता देना हे। कोनो छूटे झन।

थूकेल – हव रे भई, हम्मन काकरो डाहर ला नइ नेवते हन। तोर लरा–जरा पहिली नेवता जाय, बाँच जही ताहन हम्मन बाकि मन ला नेवतबोन। (सबो झन खलखल ले हांस डरथे।)

दृश्य – सैंतीस

स्थान – मैत्री गार्डन भिलाई, समय – दिन

(कुहुक अपन सहेली मन सन मैत्री गार्डन घुमे बर आय हे। सब सहेली मन कुहुक संग ही–ही ठिठोली करत हे।)

चम्पा – लता, माया, चमेली, मोंगरा, आ तो य। आहदे, भाटो ला फोन लगावत हे, भाटो हा फोन ला उठावत नइहे तइसे लागत हे। भाटो के सुरता म कुहुक हा कइसे सुकसुक ले होगे हे।

नीता – मोला एकर राग–रागन ला देख के अइसे लागत हे, ससुरार जा के मइके ला भुला जही, न य कुहुक ?

कुहुक – चुप्प रे अइबी हो, कोनो मइके ला भुलाथे का ? तुहँरो दिन आही त पता चलही।

लता – अई, आठेच्च दिन के तो बात ए, ताहन जीनगी, भर तो भाँटो संग रहिबे। दु–चार दिन हमरो मन संग हाँस गोढिया ले दई। (सब झन खलखला के हाँस डरथे।)

दृश्य – अडतीस

स्थान – घर, समय – दिन / रतिहा

(घर म बिहाव के तइयारी चलत हे। घर वाले, अउ डिहवार मन तोरण पताका लगावत बिहाव के सराजाम के जोरा करत हे। सब घर भर मन व्यस्त हे। घर म कोलबिन कोलबिन होवत हे। चुरमाटी के तइयारी के करत हे। सब झन गोठ बात म लगे रहिथे।)

थूकेल – (थूकेल हा अपन दमांद ला चिल्लाथे) दमांद ए दमांद। (आवाज ला सुन के दमांद हा धरापसरा आथे।)

दमांद – हव, बाबू जी।

थूकेल – कइसे तुमन सगा सोदर मन सन गोठे–बात म बुलाय हव तहन ले चुरमाटी के तइयारी करहू। माईलोगन मन ला बोल तुरते चुरमाटी बर निकले बर।

दमांद – हव बाबू जी।

थूकेल – कइसे सगा सोदर अउ डिहवार मन आगे।

दमांद – हव बाबू जी।

थूकेल – त चलौ चुरमाटी बर निकलौ।

(गाड़ा बाजा वाले मन परछी म रेंगाती पार बजाना सुरू करथें बाजा के आवाज ला सुन के तीर तार वाले मन घलो सेकला जथे। ढंडहा साबर म धोती ला बांध के बोहे रथे अउ ढेड़हीन हा पर्रा म पूजा पाठ के समान ला जोर के चुरमाटी बर निकलथे। सब झन गांव के बाहिर मा चुरमाटी कोड़थे। ओतका बेर ढेड़हा ला गीद गवइया मन भड़थे।)

चुरमाटी गीत

तोला माटी कोड़े ल, तोला माटी कोड़े ल
नई आवय मीत, धीरे–धीरे, धीरे–धीरे
तोर बहिनी के कनिहा ला ढील, धीरे–धीरे
जतके ल परसे ततके लील
तोला माटी कोड़े ल नइ आवय ग......

हर चांदी हर काजर हरदी बाजार
हरदी के गुने में नोट हजार
देखे गाली ल, देखे गली ल भूलवा दिए ग
तोला साबर धरे बर नई तो आवय ग.....

जनम के लेड़गा
खटिया जठा ले
कोदो पैरा बिछा ले
भुंईया लोट लेबे ग

तोला पर्रा बोहे ल नइ तो आवय ओ
जनम के लेड़गी
खटिया जठा ले
कोदो पैरा बिठा ले
भुंइया लोट लेबे वो

चुरमाटी ले आए के बाद कुहुक तेल चधाथे–

तेल चघनी गीत

एक तेल चढ़िगे
एक तेल चढ़िगे
दाई हरियर–हरियर
ओ हरियर–हरियर
मड़वा म दुलरू
तोर बदन कुम्हलाय।
रामे ओ लखन के
रामे ओ लखन के
दाई तेल चघत हे
कहँवा के दीयना
होवत हे अँजोर

(बिहान दिन मायन के कार्यक्रम होथे। ओकर बाद दुसर दिन बरात बिहतरा घर बरात स्वागत के तइयारी म लग जथे।)

दमांद – बाबू ज़ी बाबू जी

थूकेल – बरात आगे का ?

दमांद – हव

थूकेल – चलव बरात स्वागत के तइयारी करौ भाग बाजा गाजा के संग सब धूम धाम से बरात परघाये बर निकलथे। आज तो अइसे लागथे जानो मानो राजा राम हा सीता ला बिहाये बर आये हे। कमरा ला जठा के समधी भेट के दृश्य चलत रथे। घराती माइलोगन मन मन भर के भड़त रथे।

भड़ौनी गीत

नदिया तीर के पटुवा भाजी
उल्हवा–उल्हवा दिखथे रे
आये हे बरतिया ते मन
बुढ़वा–बुढ़वा दिखथे रे
आये हे

नदिया तीर के पटुवा भाजी
पटपट–पटपट करथे रे
आये हे बरतिया ते मन
मट–मट, मट–मट करथे रे

नदिया तीर के लुदवा मछरी
लुद–लुद, लुद–लुद करथे रे
अभनपुर के टुरा मन हा
मुच–मुच, मुच–मुच करथे रे
अभनपुर के......

(बरात स्वागत के बाद दुल्हा ला जेउनास देथे। बराती मन उला ठहरे के अलग बेवस्था करथे। लाल भाजी के नेंग के चलत हे। एती बराती मन के नाश्ता खाना के बेवस्था होवथे। खाना उ खाए के बाद भाँवर के तइयारी होथे। बंसी अउ कुहुक के बिहाव म साखोचार पढ़े गीस ओकर बाद भांवर के सुरूआत होथे।)

भाँवर गीत

मधुरि–मधुरि पग धारव हो
दुल्हिन नोनी
तुहँर रजवा के
अंग झन डोलय हो.....

मधुरि–मधुरि पग धारव हो
दुल्हा बाबू
तुहँर रनिया के
अंग झन डोलय हो.....

सुरहिन गईया के
गोबर मंगई के
ओ तो खूंट धरि
अंगना लिपइले हो.......
अगरी चाउँर के
बगरी पिसाने ओ
ओ तो मोतियानचौका पुराये ओ.......

झाके देखथे दुल्हा बाबू
रानी काहे कुन
ढारथव आँसू हो.......

दाई अऊ ददा रानी
जनमन देहे ओ
ओ तो रूप दिये भगवाने ओ......

खाबो–कमाबो
रानी–राजन करिबो ओ
दाई ददा के नाम जगाबे ओ......

भाँवर परे के बाद टिकावन सुरू होथे। सब ले पहिली सुकुवा अउ पहाती टिकावन टिकथे ताहन बिरझा अउ थूकेल टिकावन टिकथे। महोल धीरे–धीरेगमगीन होवत जाथे। टिकावन गीत गावत रथे। लरा–जरा रिश्ता नेवत हार मन टिकावन टिक के कुहुक अउ बंसी ला असीस देवत रथे।

टिकावन गीत

कोन तोर टिके नोनी
अचहर–पचहर ओ
कोन तोर टिके धेनु गाय
के अवो नोनी कोन तोर.....

दाई तोर टिके नोनी अचहर–पचहर ओ
ददा तोर टिके धेनु गाय
के अवो नोनी ददा तोर......

कोन तोर टिके नोनी
लिलि हंसा घोड़वा ओ
कोन तोर टिके कनक थार
के अवो नोनी कोन.....

भईया तोर टिके नोनी
लिलि हंसा घोड़वा ओ
भऊजी तोर टिके कनक थार
के अवो नोनी भऊजी.....,

पहाती – (टिकावन सिराए के बाद पहाती अपन समधी दुलेश दाऊ ला थारी म रूपिया पइसा ला सौपत काहत–काहत आँखी डबडबा जथे)– हम तो आप ला कुछु नइ दे सकन समधी महराज। हमर बेटीच्च ला ही सोला आनो समझो। (रोवत–रोवत) अपन बेटी समझ के चला लुहू।

(पुरा माहोल गमगीन हो जथे। सब फफक के रोए ला धरथे। सुकुवा घलो गोहार पार के रो डरथे तेला सगा मन ढाढस बंधाये।)

दुलेश – (पहाती के समधी) आप फिकर झन करौ समधी महराज मै कुहुक ला अपन बेटी कस राखहूँ।

(थारी के समान ला दुलेश दाऊ हा स्वीकार करथे।)

एकर बाद सबके आखी ले आँसू के गंगा बोहाए ला धरथे। सब फफक–फफक के रोवत हे। काबर के एकर बाद अब कुहुक के बिदाई होवत हे।

बिदा गीत

आजि के चंदा नियरे ओ नियरे
दाई मैं काली जाहूं बड़ दूरे
ओ दाई मैं
काली जाहू बड़ दूरे।
अपन दाई के राम दुलौरिन
ये दाई मोला
छिन भर कोरा में ले ले
आज के चंदा.......

अपन काकी के राम दुलौरिन
ये काकी मोला
छिन भर कोरा में ले ले
आज के चंदा.......

अपन मामी के राम दुलौरिन
ये मामी मोला
छिन भर कोरा में ले ले
आज के चंदा.......

अपन फूफू के राम दुलौरिन
ये फूफू मोला
छिन भर कोरा में ले ले
आज के चंदा.......

अपन दीदी के राम दुलौरिन
ये दीदी मोला
छिन भर कोरा में ले ले
आज के चंदा.......

(बिदा गीत के संग कुहुक के बिदाई हो जथे।)

दृश्य – उन्चालिस
स्थान – घर, समय – दिन

(घर म सुकुवा हा सुसकत आँसू ला पोंछत बइठे हे। ओतेक बेर पहाती पहुँचथे।)

पहाती – का होगे सुकुवा ?

सुकुवा – कुहुक के बिक्कट सुरता आवत हे जी।

पहाती – का मोला नी आवत होही। फेर हमला तो खुश होना चाही के बेटी के सुघ्घर घर बसगे।

सुकुवा – तभो ले जी।

पहाती – अब रोए म काम नइ बने। आँसू ला पोंछ अरे भई अभी तो तैं अपन बेटी के जिम्मेदारी ला पूरा करे हस अब तो तोला अपन पंचायत के जिम्मेदारी ला पूरा करना हे। गांव के सुघ्घर परवरिश करके निरमल गांव बनाए के तोर संकल्प के का होही ?

सुकुवा – हव जी, (आँसू ला पोंछत) पंचायत के विकास म लगे बर परही। **गांव म मुख्यमंत्री निर्धन कन्या बिहाव के घलो तइयारी** करना हे। **गांव नल जल योजना** के तहत टंकी बनवाना हे। नाली बनानाहे। गांव म बिजली कम परत हे तेकर बर जादा हार्स पावर बाले ट्रान्सफार्मर लगवाना हे। कामेच काम हे। निर्धारित समय **टीकाकरण** होवत हे ते नही तेला देखना हे। आंगन बाड़ी सुचारू रूप ले चलाना हे। स्कूल म **पालक शिक्षक समिति** के गठन करना हे ताकी शिक्षा के विकास खातिर स्कूल के निगरानी करे जा सके। लइका मन के संख्या के हिसाब ले शिक्षक मन के कमी हे। शिक्षा मंत्री करा जा के शिक्षक के मांग करे बर परही। ताकि लइका मन के भविष्य के उपर खिलवाड़ नइ हो सकै। हमर पंचायत बर स्वास्थ्य मंत्री ले मिल के प्राथमिक स्वास्थ्य केन्द्र खोले बर आवेदन करे बर परही।

पहाती – अब बता रोए बर अउ आँसू बाँचे हे रोना हे ते काम करना हे।

सुकुवा – काम करना हे।

(एकर बाद सुकुवा गांव के विकास म भीड़ जथे। जइसे–जइसे ए गीत चलथे सुकुवा ओइसने–ओइसने काम करथे। गांव के विकसा सम्बन्धी गीत हा बैक ग्राउण्ड लें चलथे। गुप नृत्य के साथ गांव के नौजावन हा ए गीत ला गाथे।)

सुकुवा के करे विकास ले जुड़े गीत

पहाती के सुकुवा, करत हे अंजोर
करत हे अंजोर, करत हे अंजोर
पहाती के सुकुवा, करत हे अंजोर

उवत सुकुवा रतिहा पहागे, सुख के होगे बिहान
मया अउ ममता के सुकुवा, राखे सबके धियान
सुकुवा कस बहू ला पाके, रिगबिग करत हे अगास–

नारी के सम्मान सुकुवा, नारी के स्वाभिमान सुकुवा
भाक्ति के स्वरूप सुकुवा, भक्ति के भाव सुकुवा
सुम्मत अउ समता के सुकुवा, गढ़िस नवा समाज

सरपंच बनके करिस सियानी, समसिया के करिस निदान
महिला कमाण्डो के गठन करके, चलाइस स्वच्छता अभियान
निरमल गांव बना के सुकुवा, लानिस गांव म सुराज

विकास झन बदिस मितान, उन्नति के लिखिस कहानी
बेटी ला पढ़ाना लिखा के, बनइस छत्तीसगढ़ के महारानी
सुघ्घर सियान के बलबूता, सुकुवा बनगे भारत के ताज।

दृश्य – चालिस
स्थान – पंचायत भवन,   समय – दिन

पंच – बइठक काबर बलाए हस सचिव।

सचिव – संबला बधाई देबर।

पंच – का के बधाई।

सचिव – **राज्य अलंकरण** के घोषणा हा वाट् साप म आ गे हे

पंच – त

सचिव – हमर सरपंच सुकुवा हा आप सबके सहयोग ले निमल ग छत्तीसगढ़ सरकार के योजना ला जन–जन तक पहुँच तौर ले नारी मन ला सशक्त करे बर काम करीस। ति **छत्तीसगढ़ सरकार हा महिला उत्थान खतिर विशे बर मिनिमाता सम्मान ले सम्मानित** करही। सुकुव पंचायत डाहर ले गाड़ा गाड़ा बधाई।

समर्थक – सुकुवा दीदी

समवेत स्वर म – जिन्दा बाद, जिन्दा बाद, जिन्दा बाद, जिन्दा बाद

दृश्य – एक्चालिस
स्थान – रायपुर, समय – रात

उदघोषक – छत्तीसगढ़ राज्य अलंकरण समारोह के **मुख्य अतिथि**
राष्ट्रपति महामहिम **श्री राम नाथ कोविद**, समारोह
छत्तीसगढ़ के राजयपाल माननीय **बलराम दास टण्ड**
अतिथि छत्तीसगढ़ के सम्मानीय **मुख्यमंत्री डॉ. रमन**
विधान सभा अध्यक्ष माननीय **गौरी भांकर अग्रवाल ज**
स्वागत करत हन। हमर राज्य के जनता डाहर ले कला प
सम्पादक डॉ. डी.पी. देशमुख, प्रकाशक श्रीमती नीता देश
लता ऋषि चन्द्राकर हा अतिथि मन के गुलदस्ता भेंट करव
करही।
(स्वागत के बाद उपस्थित जन समुह ताली बजाथे।)

उदघोषक – राज्योत्सव के उपलक्ष्य म राज्य अलंकरण समारोह के शुरू
नरेन्द्र देव वर्मा लिखित छत्तीसगढ़ महतारी के वंदना गीत

छत्तीसगढ़ महतारी के वंदना गीत

अरपा पैरी के धार

अरपा पैरी के धार महानदी हे अपार
इंदिरावती हा परवाटय तोर पईयां
महूं विनती करवँ तोर भुइँया
जय हो, जय हो छत्तीसगढ़ मईया.......

सोहय बिंदिया सही, घाट डोंगरी पहार
सोहय बिंदिया सही, घाट डोंगरी पहार
चंदा सुरूज बने तोर नैना
सोहना धान अइसे अंग, लुगरा हरियर हे रंग
सोहन धान अइसे अंग, लुगरा हरियर हे रंग

महूं बिनती करवँ तोर भुइँया
जय हो, जय हो छत्तीसगढ़ मईया.......

सरगुजा हे सुघ्घर, तोर मउर मुकुट
सरगुजा हे सुघ्घर, जइसे मउर मुकुट
रायगढ़, बिलासपुर बने तोर बइहा
रायपुर कनिहा सही, घाते सुघ्घर फभय
रायपुर कनिहा सही, घाते सुघ्घर फभय

दुरूग बस्तर बने करधनिया
नांदगांव नवा करधनिया
महूं बिनती करवँ तोर भुइंया
जय हो, जय हो छत्तीसगढ़ मईया.......

उद्घोषक – बड़ा खुशी के बात ए आय के सुकुवा अपन बेटी कुहुक ला पढ़ा लिखा के डॉक्टर बनइस अउ आदिवासी जिला सुकुमा ओकर पोस्टींग होइस। डॉ. कुहुक के बिहाव इंजीनियर बंसी के संग होइस। डॉ. कुहुक आदिवासी विकास के अभियान के तहत सुकुमा के तस्वीर बदल देहे अउ बंसी हा कौशल विकास के तहत आदिवासी क्षेत्र के युवा मन ला स्वरोजगर बर प्रशिक्षण दे के आत्म निर्भर बनइस। आज डॉ. कुहुक अउ इंजीनियर बंसी के नेतृत्व म मुरिया भाषा म माड़ी करमा नृत्य प्रस्तुत हे। आप से निवेदन हे के जोरदार ताली बजा के स्वागत करव.....

(जोर जोर ताली बजाथे)

(लड़की मन के नेतृत्व डॉ. कुहुक करथे अउ लड़का मन के नेतृत्व बंसी हा करथे। करमा नृत्य करत मंच म प्रवेश करथे।)

(मुरिया भाशा म)

सपुर कुहुर बाली
नइ खेलतो लेका मन के
हाथे लाली मुड़े लाली
राम रतन मुक्ता बोली

78

खेड़ा लाटा मंगलाय रे
असुर लेका, बसुन डिला
झम्म नाय रे...

(करमा नृत्य क समाप्त संग जोर दार ताली के गड़गड़हट)

उद्‌घोषक – महिला उत्थान खातिर छत्तीसगढ़ के जुझारू नेत्री सुकुवा ला मिनीमाता सम्मान ले सम्मानित करे बर हमर देश के राष्ट्रपति महामहिम ला सादर आमंत्रित करत हवं।

(सुकुवा सम्मान ग्रहण करे बर जइसे मंच म आथे पूरा सभा स्थल ताली ले गुंज जथे।)

उद्‌घोषक – एकर बाद मैं **'मिनीमाता सम्मान'** ले सम्मानित श्रीमती सुकुवा ले बिनती करत हवं कि उपस्थित जन समुदाय ला सम्बोधित करय।

(सुकुवा डायज करा आके सम्बांधित करथे।)

सुकुवा – सम्मानित मंच के सम्मानीय अतिथि मन ला मोर प्रणाम अउ छत्तीसगढ़ प्रदेश के छत्तीसगढ़ वासी मन ला राज्य स्थापना दिवस के गाड़ा गाड़ा बधाई......। ए सम्मान मोर सम्मान नोहे बल्कि छत्तीसगढ़ के जम्मो नारी के सम्मान आय। ए सम्मान छत्तीसगढ़िया मन के सम्मान ए जउन विकास के सोच रखथे, विकास के खातिर महिनत करथे। हमर छत्तीसगढ़ बहुत कम समय म बहुत विकास करे हे। सड़क म, कृषि म उद्योग म, एनीकेट निर्माण म, ओवरब्रिज म, अन्तर्राष्ट्रीय स्टेडियम कस सबो क्षेत्र म चहुंमुखी विकास करे हे।

कला साहित्य अउ संस्कृति के संरक्षण अउ संवर्धन बर **'लोक कला अकादमी'** के निर्माण होगे। बस मै अतना कहिके अपन वाणी ला विराम देवत हौ।

(जोरदार ताली के गड़गड़ाहट)

उद्‌घोषक – मैं प्रदेश के लोक प्रिय मुख्यमंत्री ला आमंत्रित करना चाहत हो कि छत्तीसगढ़ के जनता के नाम ''मन के बात'' करे के किरपा करैं।

, **(मुख्यमंत्री)** – छत्तीसगढ़ के 'राज्य स्थापना दिवस के जम्मो छत्तीसगढ़ के वासी मन ला गाड़ा–गाड़ा बधाई। मैं छत्तीसगढ़ के हमर भाई बहिनी, लइका सियान, दाई ददा सबके चेहरा म खुशहाली देखना चाहत हवं। इही ला धियान म रखत देवारी के पहिली किसान मन ला बोनस दे गीस। अउ ए मंच ले घोषणा करत हवं कि अवइया बच्छर घलो देवारी के पहिली धान के बोनस दे जाही। **छत्तीसगढ़** हम सब ला एक हो के छत्तीसगढ़ के विकास खातिर काम करना हे। **छत्तीसगढ़ ला हमला देश के सवेश्रेष्ठ प्रदेश के रूप म स्थापित करना हे।** आप मन मोर उपर भरोसा करेव अइसने अवइया समे मै घलो पहिली मोर उपर भरोसा करहू इही आसा म आप सबके असीस चाहत हवं।

उद्घोषक – धन्यवाद मुख्यंत्री जी एकर बाद मै आज के कार्यक्रम के मुख्य अतिथि हमर देश के माननीय राष्ट्रपति महामहिम छत्तीसगढ़ ला आमंत्रित करत हौ के राज्योत्सव के उपलक्ष्य म छत्तीसगढ़ के वासी मन ला असीस दे के किरपा करय।

राष्ट्रपति – सबसे पहले छत्तीसगढ़ वासियों को राज्योत्सव का बधाई देना चाहता हूँ। विकास देखकर हमारा विश्वास मजबूत हुआ है। कि अब यह विकसित राज्य के रूप में नई ऊँचाइयों पर पहुंचेगा। मैं छत्तीसगढ़ के मुख्यमंत्री छत्तीसगढ़ : को बधाई देना चाहता हूँ जिसके अथक परिश्रम और संकल्प शीलता ने छत्तीसगढ़ को कम समझ में जादा विकास के लिए जाना गया। खासतौर से छत्तीसगढ़ के सार्वजनिक वितरण प्रणाली देश के लिए माडल बना इसी तरह अन्य योजना भी माडल बने। इसी आशा के साथ।

उद्घोषक – धन्यवाद राष्ट्रपति जी कि हमला विकास खातिर आपके असीस मिलिस। एकर बाद मैं समरोह के अध्यक्ष माननीय राज्यपाल छत्तीसगढ़ शासन ला उद्बोधन बर आमंत्रित करना चाहत हवं कि प्रदेश के जनता ला विकास मार्गदर्शन दे के किरपा करय।

राज्यपाल – मैं छत्तीसगढ़ को राज्योत्सव के सफल आयोजन के लिए बधाई देना चाहता हूँ। **कौशल्या के मायका छत्तीसगढ़** प्रेम, सदभाव और आपसी भाई चारा के लिए जाना जाता है। यदि कोई पूछेगा कि विश्व में कोई अंचल **'स्वर्ग' कहाँ है तो मैं बार–बार कहूगां – छत्तीसगढ़, छत्तीसगढ़, छत्तीसगढ़।**

उद्घोषक – धन्यवाद राज्यपाल जी कि छत्तीसगढ़ के गौरव गाथा के उल्लेख करेव। एकर बाद अभार प्रदर्शन खातिर समारोह के विशिष्ट अतिथि विधान सभा अध्यक्ष ला आमंत्रित करना चाहत हौ।

विशिष्ट अतिथि – राज्य स्थापना दिवस के सबो झन ला गाड़ा–गाड़ा बधाई। छत्तीसगढ़ राज्य के अलंकरण समारोह म सबो सम्मानित सुकुवा गाड़ा–गाड़ बधाई। मैं सबके अभारी हवं जउन प्रत्यक्ष अप्रत्यक्ष रूप म समारोह ला सम्पन्न करे म सहयोग करे हे। मैं छत्तीसगढ़ के जनता के अभारी हवं जउन हमर प्रदेश के मुखिया डॉ. रमन सिंह के विकास के विचार के साथ पांव मिला के चलथे। अइसने सहयोह आगु डाहर घलो मिलत रहि। इही आसा मा–
जय भारत, जय छत्तीसगढ़।

उद्घोषक – धन्यवाद विधान सभा अध्यक्ष जी हम सब ला आपके प्रेरणा मिलिस। एक घांव अऊ **'राज्य स्थापना दिवस'** के गाड़ा–गाड़ा बधाई। नवा विकास के संग अवइया साल फेर मिलबो इही आसा म। आज के कार्यक्रम के समापन के घोषणा करत हवं।